JN076985

古事記と聖書

畠田秀生
Hideo Hatakeda

日本開闢の闇は
これでしか解けなかった

ヒカルランド

古事記は象徴的な言い方で伝えているが、
その本意は聖書にある。
神話的描写と事実の記述という、
両方の形があるのを見極めること。

古事記はおとぎ話ではない。
そこに秘められた意味を汲み取る姿勢こそ
日本と日本人のルーツを探る手掛かりである。

鶏鳴三声《けいめいさんせい》は
日本の夜明けを告げた。

イエスの十字架上での叫びと
アマテラスの岩戸に
お隠れになった時の鶏鳴は
世界の夜明けと日本の夜明けの
コラボレーションである。

常世長鳴鳥

日本人が
古来アマテラスという神を
通して見てきた実体は
イエス・キリストにある。

この方こそが
本当の皇祖神
日本建国の神
日本国民の神。日本国民の総氏神。

イエス・キリストと
天照皇大神

神倭伊波礼比古命はサマリヤの王。
ヤハウェのヘブル民族の高尚な長子。

カムは高尚な
ヤマトはヤハウェの民
イハレ（イワレ）は
ヘブル語を
意とするイブリ

ビコは長子
スメラはサマリヤ
ミコトは彼の王国。

神武天皇と神倭伊波礼比古命
（カム・ヤマト・イワレ・ビコ・
スメラ・ミコト）

須佐之男命は腰に差していた十拳剣を抜いて
蛇に斬りかかると、
真っ赤な血がほとばしり出て
斐伊川は朱に染まった。

モーセが蛇に変わったアロンの杖を
手に取りナイルの水を打つ。
するとナイルの水はことごとく血に変わった。

須佐之男命と八岐大蛇

ニニギは天から降りてくると、美女コノハナサクヤヒメに恋をして
妻にしようとしたが、父が姉のイワナガヒメも妻にしてくれという。
しかし姉のイワナガヒメは醜かったので
ニニギは姉を父に返してしまう。

ヤコブは美しい妹ラケルに
恋をして妻にしようとする。
ところが父は姉のレアも
妻にしてやってくれという。
しかし姉のレアは美しくなかったので
ヤコブは姉を嫌った。

木花咲耶姫

天照様が
須佐之男様を咎めず
天の岩戸に入られたのは、

キリストが
世のすべての人の罪を負って
十字架に架けられたのと同じ
深い真理が込められている。

イエス・キリストと
天の岩戸

日本人として聖書を読む一助になってほしい。
日本を衰退させないために聖書を下敷きにして
古事記を今一度読み直してほしい。

かの著名な歴史学者、アーノルド・トインビーの言葉
「十二、三歳くらいまでに民族の神話を学ばなかった民族は、
例外なく滅びる」は、金言である。

目次

中つ巻　古事記に深く浸潤する「聖書世界」を抽出する

装丁　重原　隆
校正　麦秋アートセンター
イラスト　廣瀬　督
本文仮名書体　文麗仮名（キャップス）

プロローグ

私は何も知らない
知らないので
知りたいことを書いてみた

ふたりの旅人
分かち合いたい目的で旅をする

旅の途中で知りたいことが増えてきた
そこで現れた知恵が
ふたりの旅人を一つにした

旅を終えるころ
わからないことは旅の後ろに消えていく
旅の今はあけぼの
旅の終わりは
もうすぐ

私は日本人
旅のふたりは古事記と聖書
旅は
過去・現在・未来

主な登場人物

鈴木幸太郎　平成生まれ。
　　　　　　大学二年の時から教会に通う会社員。
青木純子　　幸太郎のガールフレンド。
佐伯　　　　五十代後半。
　　　　　　幸太郎の信仰の先輩であり取引先の営業マン。
佐伯の妻　　君江
敷島謙三　　佐伯より十二歳年上。
　　　　　　佐伯夫婦と親しくする。
加地　　　　幸太郎の会社の同僚

ひとりの若者と
ひとりの乙女の
結びつきのように

聖書と古事記の
内に秘めたる
宝を見つめ合う両者が

出会いと親交の中から
共に歩み始める
喜びの物語

著者の筆先に流れる
念願を見た

上つ巻

聖書の鍵で古事記の「未解明の扉」を開く

上つ巻　一、神の分野を紐解《ひもと》く

故事付《こじつけ》という言葉がある。自分の意見主張の根拠が薄いのがわかっていながら無理矢理に正当化しようとする場面で使われる。相手を批判する形で使われるようだ。昔からある有名な事柄に関連して使われる場合が多い。

その批判をあえて承知の上で書くにはある程度の踏ん切りや度胸もいる。どうしても書きとめておきたいもの——この書——があった。

そこに真実を見出したからと言えば言い過ぎかもしれない。それを承知の上でこの書に目を通してくださる人が、事実と真実をわきまえてくださることを期待し、また封印を解く上からの知恵に期待しつつ記していくことにした。

歴史的伝統とは、時代時代に合わせてその時の価値観やポピュリズム、まして金銭的思惑や世論に阿《おもね》るとは言わずとも追従するなら、その言葉「伝統」はないに等しい。

兵馬俑《へいばよう》は二千二百年の間、土の中に埋まっていた。一九七四年三月二十九日、一人の農民が

兵馬俑

水を求めて鍬《くわ》を振るった。楊《よう》志《し》発《はつ》の鍬が第一号を発見以来、実に一年間で六千体が出土した。現在は八千体以上の発見を見ている。

最初の兵馬俑が発見された当時の中国では、毛沢東《もうたくとう》の支配のもと文化大革命の嵐が吹き荒れていた。古い文化遺産を破壊する嵐である。その遺跡現場に派遣された考古学者、袁《えん》伸一は「歴史の犯罪者になってはならない」と古い価値を否定する毛沢東の主張に反旗を翻した。


二千年も前のものがそのままの姿で存在する兵馬俑は、古いものの価値を世界に示すまたとない代表と言える。古いものの価値が生きたものとして世界に存在する唯一のものは、日本に伝わり、培われている。いわずもがな、天皇そのものである。古いものに存する価値、言いかえれば伝統かもしれない。世界遺産と言っても過言ではない。

今日、日本に古い価値の根源である天皇が有する伝統、遺産を破壊する嵐が吹き荒れている。古事記を消滅させようとする気運……女系天皇容認……がその筆頭であり、毛沢東の亡霊である。

兵馬俑をそのまま保存することに最大の努力を払った考古学者、袁は世界的価値を守った。アメリカのジャーナリスト、オードリー・トッピングもしかり、その他の一握りの人たちが防波堤になった。

日本の天皇が二千年以上保守し続けているものは、男系の世襲である。女系ではない。祭司としての務め、第一として神に祈ること、その他ほとんどは一般には知らされていない祭りごと、などなど。その一つだけでも取り除けば、天皇としての立ち位置を守る石垣の一つを失い、そこから徐々に基礎が崩れ、やがて城全体の崩壊に至る。

なぜ、世界の王族、国王が喪失した砦《とりで》の二の舞を日本の天皇が踏襲しなくてはならないのだろうか。毛沢東の亡霊に屈することは、他国が失った例に倣う権威喪失につながる。

天皇が二千数百年の間守り続けた立ち位置の価値は、人の理性と頭脳では説明がつくまい。人が及びもつかない分野のことが存在するからである。それが不思議というものではあるが、理屈では答えられないものが確かに存在する。古事記全体に流れる天皇の記録を断ち切る暴挙を止める意味でもこの封印された書を聖書の鍵で開けてみよう。

それは神の分野であるとも言えるのではないだろうか。その隠されたものを少しでも垣間見《かいまみ》ることができるなら、その挑戦をしてみたくもなる。共に紐解《ひもと》こうではないかと思った。

上つ巻　二、古事記の天地創造と創世記の大地創造

「なぁ、鈴木、古事記の一番初めに天地創造のことが書いているのを知ってるか？　俺は教会に行ったことはないが聖書の初めに、神は初めに天と地を創造されたと書いてあるのは知ってるよ」

同期入社の加地は、鈴木幸太郎が時折聖書の話をするのを耳にしていた。反対もせず、受け入れもせず、耳を傾ける程度であった。

日本人の最古の書である古事記に何が書かれているのかも知らないで、聖書だけ読んでいるお前はそれでも本当に日本人なのか、と加地に問われたような気がした。

平成生まれの二人は、東京オリンピック開催の一九六四年も高度成長もバブルも知らない。祖父母が幼いころ、芋ばかり食べ、バナナなど見たこともない時代はなおさら想像もできない。

幸太郎の父は祖父母の話をほとんどしてくれなかった。朝から夜遅くまで働く仕事人間だった。幸太郎と話すことをしない人でもあり、一人っ子だった幸太郎は、そんな寂しさ故か、大学二年の時にキリスト教会に通うようになった。そこはアメリカからの宣教師が始めたプロテ

スタント教会だった。

「ぼくは七年間、教会に行き、聖書も読み牧師の話も毎週聞いているけど、そんな話は聞いたこともない。古事記にも本当に天地創造が書いてあるのか」

幸太郎の問いかけに、加地はじっと鈴木を見たが何も答えなかった。

東京駅近くの会社に勤める昼休み、真夏の暑さも峠を越した青空の下、皇居のお堀端を走る汗びっしょりのランナーを横目で見ながら二人は仕事に戻った。


幸太郎が取引先の営業マンの佐伯と親しくなったのは、仕事で何度か会った時に、佐伯もまた教会に通っていると話してくれたからであった。それ以来、お互いが近しくなった。佐伯の通っている教会は、幸太郎の通っている教会とは比べられないほど小さな集まりで、佐伯は家の教会だと言った。

午後、仕事の話が一段落したところで、喫茶店でコーヒーでも飲もうと佐伯に誘われて店に入った。

幸太郎は古事記の話が気になっていたので、佐伯に「古事記にも天地創造が書いてあるって本当ですか」と思いきって尋ねた。

信仰の先輩であり聖書にも詳《くわ》しく日本の歴史にも精通していることは、何度か会って知っていた。温厚だが信念のある姿勢に意志の強さを感じさせる五十代後半である。

佐伯もまた日本の歴史に興味を持っているこの若者に好感を抱いた。

佐伯は、西洋一辺倒のキリスト信者への一抹の気がかりを胸の片隅に抱いていた。それが若いころに教会遍歴をさせた。プロテスタントもカトリックも、日本と日本人への眼差しは同じなのだ。見方が自虐的なのだ。君が代を偶像礼拝に類する歌と見做《みな》すなどが、しこりとなっていた。キリスト教徒となってしまった日本人は、日本を捨てることが信仰であるというような取り決めでも存在するのであろうか。鈴木はまだ気づいていないが、少なくとも二十年前はこの若者と同じだった。

佐伯は古事記を隅から隅まで熟読したわけではない。しかしその大筋から聖書と古事記の不思議なつながりを見出していた。それを分かち合う若者が目の前に現れたのである。

話すうちに、佐伯は鈴木に親しみを覚えた。

永遠の世界への道しるべと受け取るには、古事記は封印された書物である。封印を解くこと自体、できそうもないとは思いつつ、そのところに辿《たど》り着くようにしたい。宝が埋まっている山を掘り起こす道具を持っているにも拘《かか》わらず、手をこまねいているわけにはいかない。いつまでたっても宝物を掌中にすることができない。それなら神の許しを乞《こ》いながらその山に分け入って、掘り起こしてみることにしようじゃないか。

佐伯は鈴木に言った。

「これは日本人としてもおもしろいこころみではないか」

古事記は英語では Records of Ancient Matters とか The Birth of Japan となっている。なるほどという訳だ。しかし、アメノミナカヌシは A god of center of heaven と訳せても、天照《あまてらす》大神《おおみかみ》はどう訳するのだろうか。A great god shining heaven か？　はたまた The son of a great god か。どちらにしてもその言霊《ことだま》は英語圏の人々には通じはしないだろう。キリスト教国のクリスチャンたちに一笑に付してしまわれそうだ。一般の信仰のない人々にとっては「あ、そう」くらいに受けとられてしまうだろう。

そうじゃないのだ！　と佐伯は、今度鈴木に会ったら英語圏カブレの教会一辺倒信仰に染まるアンチ日本文化傾向に、どのようにくさびを打ち込もうかと思案した。鈴木幸太郎に限らずほとんどの日本人に古事記のルーツは聖書にあると言えば変人扱いされるのがおちである。まずは古事記冒頭の造化三神《ぞうかさんしん》から話していこうと、佐伯は深呼吸してから眠りについた。

喫茶店の片隅で話した時から二週間がたった土曜日、幸太郎は佐伯を訪ねた。東京は広い。幸い交通の便が行き届いた都市である。二十分も乗ると佐伯の家の最寄駅に着いた。緑の多い静かな住宅街を歩きながら佐伯の家を探した。少し歩くと汗ばむような陽気だった。時折吹く風が心地よく感じられる。佐伯の妻君江が笑顔で迎えてくれた。

通された部屋の壁一面は本で埋まっていた。その本を眺めていると、君江が幸太郎の手土産のバームクーヘンを「おもたせで、ごめんなさいね」と言いながら出してくれた。

「すぐにわかったかい」

「少し迷いましたがわかりました。佐伯さんの教えてくれた金木犀《きんもくせい》の香りが案内してくれました」、と言って幸太郎は笑った。

そして買ったばかりの現代語古事記をすぐに開いて言った。

「これ、神の名がすごいですね」

新しい本の紙の匂いがこれから始まることへの期待を予感させた。

「造化三神とは創造そのもの」と佐伯。

「天地の初発の時、高天原《たかまがはら》に成りませる神の名は天之御中主神《あめのみなかぬしのかみ》、次に高御産巣日神《たかみむすひのかみ》、神産巣日神《かみむすひのかみ》が成りました」とある。(以後この三神はカタカナ表記)

造化三神と言われているこの三柱の神は、いずれも独神《ひとりがみ》で、御身を隠したまいき。キリスト教教理にある天地創造の神そのもの、父なる神、子なる神、聖霊なる神の三位一体が古事記冒頭に出て来るとはまことに不思議とは思わないかい？　と幸太郎に投げかけてみた。

「神話とはただのおとぎ話の類《たぐい》という感覚しかありませんでした。それが天地創造の成り行きから始まっているとはカルチャーショックですよ」

正直な印象だった。

「日本神話は神話だけにとどまらず、その意味するところは深いと思うよ。民族のバックボーンであり心のふるさとを示唆《しさ》しているように思えてならない。私は日本人のキリスト者だけどね。

自分では日本人であるという意識をもつようにしている。戦後七十五年以上も経った今だからこそ、世界中に共通した宗教観と倫理観、それだけでなく価値観、そして死生観さえ同じであるものを私たちキリスト者はもっていなければならないと思う。世界で一つと教えられている真の教会概念、それをギリシャ語でエクレシアというのは君も教えられているだろう。同じ共同体に属している者にとっても日本人として培《つちか》ってきたものの中に、それも古事記、国が発行した最古の書物、国のお墨付きの本に収められているとすればすごい財産を持っているわけだ。その本のそこかしこに『本の中の本』といわれているバイブルの数々の断片がちりばめられているように思える、それを見て行きたい」

と話し、古事記の出だしを改めて読み直した。

「天地の初発の時、高天原に成りませる神の名は、天之御中主神《アメノミナカヌシノカミ》、次に高御産巣日神《タカミムスヒノカミ》、次に神産巣日神《カミムスヒノカミ》。此の三柱の神は、並独神《みなひとりかみ》と成《な》りまして身を隠《かく》したまいき」

わかりやすく言えば、三柱の神は独りであって、人の目には見えないということ。古代の日本人いや古事記を伝承し、書きとめた人たち、渡来人たちは、創世記の天地創造の神を知っていたということになる。それも目に見えない霊的存在であり、この神が日本神話の根幹であり中心的存在である造化三神の名を誰がつけたのか、キリスト教の神概念を表した三位一体と似通った宇宙創世の記述を古事記の冒頭から知らされて、幸太郎は驚くほかなかった。

佐伯が創世記の一章の一節から三節を読んで幸太郎とおさらいしようとした時、君江が言った。

「あなた、話し始めると止まらないのだから気をつけてね。鈴木さん、大丈夫？」

幸太郎にとって佐伯の日本人という民族に対する情熱がまぶしかった。幸太郎の属している教会では、人皆同じ、人種など話題にも上らない。だが今は日本人であるという感覚が目を覚ました。

「大丈夫です。興味おおいにありです。佐伯さん、どうぞ続けてください」

「初めに、神が天と地を創造した。地は形がなく、何もなかった。やみが大いなる水の上にあり、神の霊は水の上を動いていた。そのとき、神が『光よ。あれ』と仰せられた。すると光ができた」

この三節の中に天地創造の父なる神、神の霊、そして光あれ、と仰せられたとあることば、光はすなわちイエスである。ヨハネ福音書の一章一節、「初めに、ことばがあった。ことばは神とともにあった。ことばは神であった。この方は、初めに神とともにおられた。……ことばは人となって、私たちの間に住まわれた」とある。いうならばイエスそのものずばりである。

そう、古事記に最初の神、アメノミナカヌシノカミ※とタカミムスヒノカミ※とカミムスヒノカミを解していくならばその同一性がわかる。似ているというよりまさに同じじゃないか。ここにも三位一体が見える。

※ ここでの神々の名は、ヘブル語との兼ね合いを注視するのに適していると考えられるためにあえてカタカナにしました。

幸太郎は古事記が西暦八世紀に編纂《へんさん》されたことくらいは知っていた。それまで伝承されてきていたことくらいは知っていた。その古事記の冒頭に記されていた神の名が天の真ん中に座す主なる神とは！　もう唖然とするほかなかった。

佐伯は続けた。

「ヘブル語からも言えるんだ」

と言って彼は表を見せた。幸太郎はその表を見て、本当なのか？　とあまりにもその発音からのことばが訛《なま》りながら編纂時の七一二年稗田《ひえだの》阿礼《あれ》の舌を動かしたとしてもおかしくはない、という説明に質問することもできず押し黙ったままでいた。

幸太郎は口に出して小声で言ってみた。

「タカミムスヒノカミ……タカン・マシャハのかみ」

「カミムスヒノカミ……カム・ムシュハのかみ」

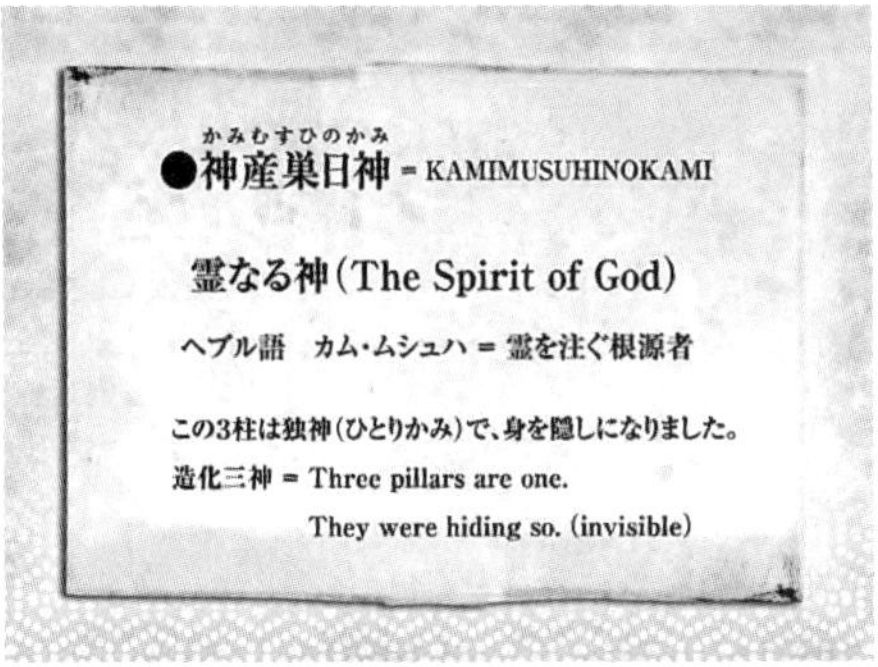

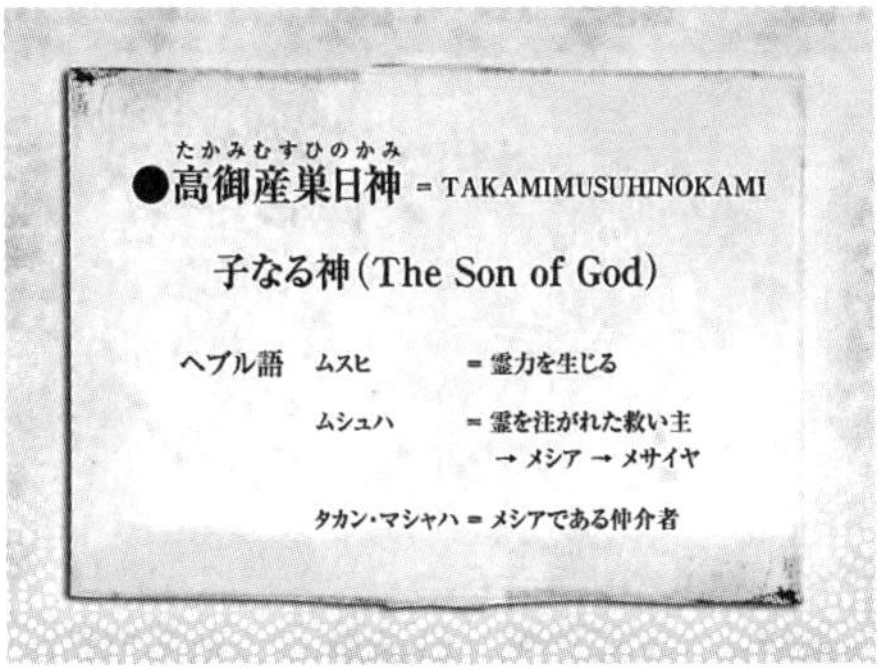

庭の木々にそよぐ風が、開け放った窓から金木犀の香りを運んだ。

「産巣日とは創造、古代の人は創造とは産霊《むすひ》で、物質を生むのではなく、目に見えない霊を産むことだと見ていい。このことを知っていたとは何を意味しているのだろうね」

「ちょうど先週の家の教会で話題

になった聖書の箇所を思い出すわ。確か信仰のことを話し合っていた時、ヘブル人への手紙で『昔の人々はこの信仰によって称賛されました。信仰によって、私たちは、この世界が神のことばで造られたことを悟《さと》り、したがって、見えるものが目に見えるものからできたのではないことを悟るのです』というところを引用された人がいたわ」と君江がお茶を注ぎながら言った。

古代の日本人がそのような知識をどうやってもつことができたのだろうかと、幸太郎は思った。縄文《じょうもん》時代の人々、いや弥生《やよい》時代の人々がただの神話として語り合っていたとは想像もできないことだと思った。

「乾坤初《けんこんはじ》めてわかれ、参神造化《さんしんぞうか》の首《はじめ》となり……」

佐伯は古事記の序文を読み終えると遠いところを見るようにして、

「これからもわかることだが、宇宙万物を創造する神なんだな、神話だからというだけで軽く見てしまいやすいが、日本民族の深く広い思想を見る思いがする。乾坤という意味は天地陰陽の意味だ」

上つ巻　三、最後のとき、ことばによってさばかれる

その時玄関のベルが鳴った。

佐伯夫婦が親しくしている近くに住む敷島謙三だった。彼は家で日曜日の朝の集いを十年近く続けている。その仲間のうちの二人が、佐伯夫妻である。

教会の歴史で言えば、三世紀ごろまでは、現在のような建物風の教会などなかった。信者はユダヤ教の会堂に集まったり、信者の家に集ったり、隠れて洞窟の中で集まったりしていた。家を教会の集まりとしているのを聖書は「家の教会」と呼んでいる。

敷島は佐伯より十二歳年上である。同じ辰年だ。話すべきことは竹を割ったように言う。女性の感性豊かな佐伯の妻君江は、自分の夫もよく似ていると常々思っている。「辰年の人に多いのかな」と思うのは、敷島の親友でニュージーランドから毎年のようにやって来るレイモンドも辰年生まれだが、裏表がない。イエスがナタナエルに向かって言う「これこそ、ほんとうのイスラエル人だ。彼のうちには偽りがない」を連想させた。

「君たち、知っていると言いながら、何も知らへんことが多いんや。そこんとこをつかんでへ

んとあかん。東京は大正十二年関東大震災の地震で建物も看板も道路もみんな姿を消した。無くなったんや。また昭和二十年のB29でまたまた焼け野原や。二度も東京は失われたといっていい。築き上げてきたものすべてが消滅した。残ったのは『ことば』だけや」

思わず「それはどういうことですか」

と幸太郎は言ってしまってから、余計なことを聞いてしまったかと気になった。敷島のおおらかさが幸太郎の心配を打ち消してくれた。

「ことば、私たちがしゃべることなんよ。日本全体に言えることやけど、古いものは消えていく定めにある。これは自然の成り行き、『ことば』もそうかもしれない。そのもつ深い味わいもなくなりつつある。お願いするとき『すみません、〇〇してください』と言えばいいものを『〇〇してもらってよろしいでしょうか』などを聞くと、思わず背中がかゆくムズムズして気色が悪い。若者だけでなく、最近六十歳を越えたいい歳をしたおっさんが『めっちゃうまい』と沢庵をバリバリ食いながら言う。めっちゃ変やと思う」

幸太郎はこのおっさん何を言いたいのだろうと、今度は黙って敷島を見た。

「ここにいる三人は私を見てる。外側や。本当の私を見ていない。だから本当の私を見たいのなら、『ことば』や。私のことばで私を見る以外に表情で観ることもできるが、これはあてにならへん」

佐伯はイエスの語られたことを思いだしていた。

「あなたが語ったことばが、最後の時にあなたを裁く」

と確かそのようなことを言われた箇所があった。

君江は、聖書のその箇所を探しながら、

「あった。でもちょっと違うかもしれないわ」

と言って読み始めた。

「わたしを拒み、私の言うことを受け入れない者には、その人をさばくものがあります。わたしが話したことばが、終わりの日にその人をさばくのです。ヨハネ福音書十二章の四十八節、イエス様のことばよ」

「いや違わない、と思う。そうや。イエスのことばがラストや。……語ったことばが重要だということに関しては、的外れではないと私は思うけどな。『ことば』の峻厳《しゅんげん》さは、イエスはこうも言われている。

『わたしはあなたがたに、こう言いましょう。人はその口にするあらゆるむだなことばについて、さばきの日には言い開きをしなければなりません。あなたが正しいとされるのは、あなたのことばによるのであり、罪に定められるのも、あなたのことばによるのです。』」

敷島は今までも家の教会で語り合う時に、よくまとめて皆の心を一つの方向に向けさせる。

「ことばによってさばかれるか、これではもう誰も合格者はいない」と幸太郎がボソッと言った。

佐伯はつい口をはさんだ。

「神さまは録音器を持っている……だね。私も持っているよ、ICレコーダ……」

佐伯の押しつけでも説教でもない言葉に神の峻厳さを感じた幸太郎は身の引き締まる思いがした。

押しつけではなく説得でもなく、まるく収めるためにことばを単刀直入に言っているようで、本人の心のうちでは自信がない裏返しの自分がそこにいることに葛藤《かっとう》している。誰もそんな敷島を知らない。ことばを発する舵取りなどできる人などいないと敷島は呟《つぶや》いた。

幸太郎は恐る恐る、

「ぼくの語った言葉が終わりの日にぼくをさばく？　それじゃ誰がそのさばきから逃れられるのですか？　ぼくは完全に失格だ」

「その録音を消す装置がある、このことは後で話そう」

佐伯の言葉に幸太郎は胸をなでおろした。

「残ったものは、ことばだけ。そのことばが受け継がれて今日の東京を支えているというわけ。ことばは継続するんやな」

「東京だけではなく世界がですよね」

「そう古事記も聖書も神話もその意を酌《く》んで編纂《へんさん》されとる」

敷島は真顔である。

上つ巻　四、神の手による日本の皇統

佐伯は伊邪那岐命《いざなぎのみこと》、伊邪那美命《いざなみのみこと》に話を進めて、幸太郎の好奇心をくすぐり始めた。（以後、イザナギ、イザナミとカタカナにする）

「私たちの国の始まりは、高天原に成られた造化三神の天つ神の発せられた、イザナギ、イザナミの二柱が『この漂える国を修《おさ》め理《つく》り固《かた》め成《な》せ』の命によりできたという。天《あめ》の沼矛《ぬぼこ》を賜《たま》いて言依《ことよ》さし賜《たま》いき、とあるが天地をつらぬく真理の矛をもって天浮橋《あめのうきはし》につかれ、橋の上から天の沼矛をさしおろして塩をこおろこおろとかきならして引き上げる。天浮橋だが、天上界と地上界の通り道である橋、即ち七色の虹のことといわれている。ノアの洪水後虹が出ているよね。天の沼矛は真理のことばであろう。その矛の先からしたたりおちた塩がかさなり積もって、嶋となった。これが淤能碁呂嶋《おのごろじま》。自転島《おのごろ》、日本の国造り、島造りのみと考えるのではなく、地球規模として見るならば、おのずから転がる島、地球が自転していることを知っていた。そんな知識はどこからきたものか知りたいと思わないかい？　幸い世界最古の書物に親しんできたおかげで、いとも簡単にそのオリジンに気づかされるわけだ」

それがこの本の中に書かれていると佐伯は読み始めた。三千五百年も前に書かれたという「聖書」のヨブ記である。

そのオリジナルがこの本の中に次のように書かれていると敷島はページをめくりその箇所を探し当て読み始めた。三十八章だ。

「主はあらしの中からヨブに答えて仰せられた。

知識もなく言い分を述べて
摂理を暗くするこの者は誰か。

さあ、あなたは勇士のように腰に帯を締めよ。

わたしはあなたに尋ねる。私に示せ。

わたしが地の基《もとい》を定めたとき、
あなたはどこにいたのか。

……

誰がその大きさを定め、
誰が測りなわをその上に張ったかを。

その台座は何の上にはめ込まれたか。

その隅の石は誰が据えたか。」

ここには地の基はどこにあるのかと問うているし、台座はどこにあるかと問うている。さらに同じヨブ記二十六章七節にもつぎのようにある。

「神は北を虚空《こくう》に張り、地（地球）を何もない上に掛けられる。」

もうこれは神話の範疇《はんちゅう》ではない。地球は空中に浮いていると述べている。漂えると古事記は記すが、宇宙に浮いていると言う。何もない上に掛けられていると記すヨブ記は紀元前二五二〇年に書かれているのだからもうコペルニクスも脱帽だ。

おのごろ嶋に降りられた二神は、大八州《おおやしま》を造り日本の神々を産んでいかれる。この二神だけでなく、別天神《ことあまつかみ》と神世七代《かみよななよ》が成った物語の中の神々という呼称に抵抗をおぼえる人々も沢山いる。

イエスが神の子であり、人の姿をとって世に来られたのを、ご自分のことを神とする理由で、律法の掟《おきて》に厳格なユダヤ人たちが彼を石打ちの刑にしようとした時、

「あなたがたの律法に、『わたしは言った、あなたがたは神である』と書いてはありませんか。もし、神のことばを受けた人々を、神と呼んだとすれば、聖書は廃棄されるものではないから、『わたしは神の子である』とわたしが言ったからといって、どうしてあなたがたは、父が、聖であることを示して世に遣わした者について、『神を冒瀆《ぼうとく》している』というのですか。」イエス

のことばを紹介する佐伯は、次第に熱くなってきた。

またパウロもギリシャで異邦人に向かって宣教する時に、と次の聖書の箇所を読んだ。

「私たちは、神の中に生き、動き、また存在しているのです。あなたがたのある詩人たちも、『私たちもまた　その子孫である。』と言ったとおりです。そのように私たちは神の子孫ですから、神を、人間の技術や工夫で造った金や銀や石などの像と同じものと考えてはいけません」(使徒十七章二十八、二十九節)

これなど日本人が先祖の人々を神と呼んだとしても不思議ではない。聖書のことばを真正面から受け取るならば、何も間違ったことでもおかしなことでもない。

さて、日本は今から二千六百八十年も前に突如出来上がった。その時に神武天皇が即位したとある。天から降ったという真意は、とりもなおさず大挙して西の方から渡来したということであろう。

その渡来人たちの思想や文化が定着し、培われてきたとしか考えられない。それが高天原からの思想であったといえる。西アジアのタガーマ州のハランというところから来た人たちであったという説もあるくらい。

古事記の記述がどのようにしてその物語を生み出したかという疑問に答えられる人がいると思うかい鈴木君？　と問うた。

「ぼくの頭ではとうてい考えられません。日本の国を造り始めた神武天皇以前の神々、特にイザナギ、イザナミ、アマテラスをはじめ、須佐之男命《すさのおのみこと》や他の神々の出生を調べなくてはならないことくらいはわかりますけど……。まさかその人々や思想が日本の地面から湧いてきたとは思えないし。また天から降ってきたなら、宇宙人か、は荒唐無稽《こうとうむけい》……天孫民族の出生、古事記にその思想や人々の出所は書かれていないのですか」

「ない、ただ記されている造化三神が成ったということからしか書いていない。高天原としか書いていない」

幸太郎の疑問に、敷島がぼそっと言って続けた。

「聖書も『初めに神が天と地を創造した』からはじまって、これら創造してアダムとエバという人間を造ったという神のなされた事柄を書いているだけや。その出所は書いていない。もちろんアダムとエバの子孫が培ってきたんやけどね。ただ須佐之男命が根の国の方角、すなわち西の方に向かって祈ったわけやから、西の方向かもしれんな」

君江も言った。

「信じるほかないわ、でしょう」

「天から降ったと」

「そう、天からの思想や」

女性特有の君江の直観に、三人は同意するしかなかった。

天照大神が、天降られる彦火瓊々杵尊《ににぎのみこと》に、

「豊葦原《とよあしはら》の千五百秋《ちいおあき》の瑞穂《みずほ》の国は、これ吾が子孫の王たるべき地なり。宜しく爾皇孫《いましすめみま》就きて治せ」と詔《みことのり》された。

これは、皇統は今も続いて今後も永久に続くとされたと日本書紀にある。

悠久からのこの皇統が現世界の日本においてのみ存在するというのはなぜか。この疑問に答えられる書物は聖書の他にないと思うのは、私だけではないはず、と念を押した。

イスラエルの王となったダビデに預言者ナタンは言った。

「しかし、わたしは、あなたの前からサウルを取り除いて、わたしの恵みをサウルから取り去ったが、わたしの恵みをそのように、彼から取り去ることはない。あなたの家とあなたの王国とは、わたしの前にとこしえまでも続き、あなたの王座はとこしえまでも堅く立つ」（Ⅱサムエル記七章十五節、十六節）。

日本は皇統が今も続く唯一の国であることは不思議と言うよりは何か、神の手を感じてしまう。

「この約束が地上で見られるのは、日本だけなのである」佐伯が真顔で言った。

一回目はこの辺にして、次回は二週間後にしようと皆で決めた。

上つ巻　五、古事記と創世記の天地創造の七日間

二週間が過ぎた。スポーツの秋である。ラグビーワールドカップが日本で開幕したのは先週であった。佐伯が口火を切った。

「こんなことを言えば右翼かと思われるかもしれないが、私は右翼でもなければ左翼でもない。あえて言えば保守だと思う。教育的にみても日教組には賛成できない。日の丸が揚がればうれしいし愛国精神は十分あると自分では思う。君が代も素晴らしい国歌だ。でも天の国こそが本当の故郷なのでこの世では旅人である。だからと言って日本がどうでもいいなどとはもってのほか。日本こそ神の国への入り口だと思っている」

その言葉に幸太郎は新たな感動を覚えた。今まで自分が集っている教会には無いものを感じたからだった。日本人の魂が目覚めたのかもしれない。

「私、ワールドカップの開催日第一試合、日本チームの半数が外国生まれの選手たちなのに、全員がそらんじて君が代を歌っている姿を見て涙が出たわ。だからテレビの前で応援したのよ」

君江は思わずひとこと、

「夫が右翼でも左翼でもないと言ったでしょ。それなら、私たち夫婦はナカヨクよ」

君江の言葉にみな笑った。

「私は今でこそ家の教会に集っているがいくつもの教会を巡っては嫌な体験もしてきた。愛国的発言や日の丸、君が代をもちだすと変な目で見られたもんだ。『私たちの国は天である。だから日本をもちだして云々《うんぬん》するのはどうか』と言われもした。ある時私の近くにいた年輩の人がこう言われた。『そうですか、私の住民票は大阪市やけど』ってね。故郷の訛りやったんで、力強い味方やったわ」

敷島の話になるほどと思いながら幸太郎は笑ってしまった。

「ここで聖書の創世記から創造の六日間を紐解いてみたいと思うがどうだろうか。古事記の記事も同じことを書いてあるとするともう鈴木君、開いた口が塞がらないのでは」

幸太郎は笑うこともできず、心の中でまさか……とつぶやいた。

四番目の神から始めた。

宇摩志阿斯訶備比古遅神《うましあしかびひこぢ》

日本神話に登場する神。天地開闢《かいびゃく》において現れた別天《ことあま》つ神《かみ》の一柱である。『古事記』では宇摩志阿斯訶備比古遅神、『日本書紀』では可美葦牙彦舅尊《うましあしかびひこじのみこと》と表記している。『古事記』では、造化三神が現れた後、まだ地上世界が水に浮かぶ脂のようで、クラゲのように混沌と漂っていたときに、葦が芽を吹くように萌え伸びるものによって成った神としている。

前にほめ言葉であるウマシ（宇摩志・可美）、後に優《すぐ》れた男子を指すヒコヂ（比古遅・彦舅）がつけられている。（創世記一章一節、初めに、神が天と地とを創造した。地は茫漠《ぼうばく》として何もなかった。）このことから宇摩志阿斯訶備比古遅神は、まだ安定した状態にはなかった国・大地の固有の生成力の強さを、旺盛に伸びる葦の芽に象徴させて神格化した男神であると表現したのだろう。

次に五番目の神として
天之常立神《あめのとこたち》

天地創成・天地開闢《かいびゃく》神話に現れる神だ。天のことを表す擬神化。宇摩志阿斯訶備比古遅神の次には「天の礎」ともいえる天常立神が登場。この流れから宇摩志阿斯可備比古遅神とは、大地から萌えあがって「天の礎」を形成する力と考えることができる。つまり宇摩志阿斯訶備比古遅神は、天に対置される大地の一部が天上へと萌えあがって分離し、その生成力・生命力によって形成された「天の礎」のことを告げている。

この二つの神の後に神世七代の神がくる。聖書の「七日間にわたる天地創造」の話にもとづいたものだということを見て行くことにする。

まるで他人事のように語る佐伯の口調が、幸太郎に素直に入ってくる。

別天つ神の後に生まれた十二柱の神様。十二柱もいるのになぜ七代なのかというと、豊雲野《とよくもの》神までは性別の無い独神《ひとりがみ》だった。宇比地邇《うひぢに》神以降は男女ペアで生まれてきたので、二柱セットで数えられた。七代にわたる時期を、擬人化ではなく擬神化して象徴的にした表現である。

創造の七日間の古事記と創世記をまとめてみよう。太字が聖書の創世記として見てほしい。

①国之常立《クニノトコタチ》＝**永遠の神が一日目に登場した。**

②豊雲野《トヨクモノ》＝豊かな雲（水蒸気）の神。**二日目に大空と大空の下の水が現れた。**

③宇比地邇《ウヒヂニ》・須比智邇《スヒヂニ》＝ウヒジニとは泥のこと、スヒヂニとは砂土のこと。**三日目には陸地、植物が造られた。ここから男女の神であると古事記は記しているが、植物も雄しべと雌しべがある。**

④角杙《ツヌグヒ》（ツノグイ）・活杙神《イクグヒ》＝ツノグヒ・ツノグイとは芽が出始める、イクグヒとは成長し始めるの意味がある。**四日目は太陽、月をつくられたことから、成長し始めたことがわかる。**

⑤意富斗能地《オホトノヂ》・大斗乃弁《オホトノベ》＝「ヂ」は男性、「ベ」は女性の性器の象徴である。**五日目には魚などの海の生き物と空の生き物の雄と雌が造られ、交配によって繁殖が始まった。**

⑥於母陀流《オモダル》・阿夜訶志古泥《アヤカシコネ》＝オモダルは「完成した」の意味。アヤカシコネは「あやにかしこし」の古語と同じで「言い表しようがないほど素晴らしい」の意味。**六日目には、地には生き物を生じさせ、人間を造られた。六日目ですべてのものを見られて、それは非常に良かったと記されている。**

⑦伊邪那岐《イザナギ》・伊邪那美《イザナミ》日本の国、島々を産んだ神
イザナギは男、イザナミは女で夫婦。＝アダムとエバ。七日目からエデンの園で人生を始めた。イザナギの子孫がアマテラス。アダムの子孫がイエス・キリスト。

と見てくるともう偶然に記されたとは考えにくい。

またつぎのように捉えることができる。

日本国の始まりとして、イザナギがイザヤまたはイザヤの信仰を継承する信仰者たちとする説、日本人のふるさとと言われる伊勢神宮のアマテラスを祭神とする神宮を伊勢、その語源がヘブル語のイシェ、アラム語でイセであること、現在の地に導いたとされる（BC四年垂仁《すいにん》天皇二十五年倭姫《やまとひめ》宝の剣奉納）ダビデの星を紋章とする伊雑宮《イザワノミヤ》が神宮の内宮《ないくう》の近く（志摩市磯部町上之郷）にあるが、アマテラスの神饌《しんせん》を奉納する倭姫を伊佐波登美命《いざわとみのみこと》が出迎えたとある。二千年――旧約の信仰者たちの群れの渡来――にわたる歴史があると研究した文献がある。

『日本ヘブル詩歌の研究』川守田英二著　八幡書店

イザヤの宮がイザワの宮と呼ばれるようになったという。日本人にとって、いや日本人キリスト者にとっては興味以上に魂が揺さぶられる。

上つ巻　六、同一人物である
イスラエルのイザヤと日本のイザナギ

　伊邪那岐はイザヤ・ナギと読み取る。すなわちイザヤの宗教的地位の呼び名であるナギ・ナギ（ド）を示す名からくる。これはヘブル語の意味として長官、知事、王子、統治者である。イザナギは長官イザヤ、統治者イザヤである。

　イスラエルは分裂後、南イスラエル（ユダ）と北イスラエルとなる。北イスラエルがＢＣ七二二年にアッシリヤに滅ぼされ、その六十年余り後の日本建国となるＢＣ六六〇年、神武天皇が即位している。それから八十年ほどして南イスラエルがバビロンによって滅亡する。ＢＣ五八六年のことだ。世界史の常識である。

　日本建国がイザヤ一行によってなされたとする仮説の証明として当時ユダヤの国の人物の名前が日本書紀の史書にも見出される。イザヤの父の名はアモツであると、イザヤ書にも四回も出てくる。日本神話として古事記ではイザナギの父は於母陀流《オモダル》神、母は阿夜訶志古泥《アヤカシコネ》神とある。別天《コトアマ》つ神《カミ》の五柱のふたりである。日本書紀には面足尊《オモダルノミコト》、綾惶根尊《アヤカシキネノミコト》と表記されている。夫すなわちイザナギの父、面足は「オモ」、足は音読みで「ツ」または「ジュ」でオモツまたはアモツと読むことができる。イスラエルのイザヤと日本のイザナギが同一人物またはその一行ということになる。（中島尚彦氏の日本シティジャーナル№196参照）

イザヤの父とイザナギの父の名が似ていることを調べる人に敬意すら感じた幸太郎は、ヘブル語からの洞察にも感心してしまった。故事付だと一笑に付す人もいるだろう。しかし皆がこの話を聞いたらどう思うだろうかと、気になった幸太郎は佐伯に聞いてみた。

「佐伯さん、こんな話他の人にも話されたことがありますか。どんな反応でしたか」

「三種類の人たちがいたよ。全く関心を示さない人、無視する人だ。まさか、そのようなことは眉唾物《まゆつばもの》だよとあからさまに否定する人。三つ目は、素直に驚く人」

そのとき、「私は三番目だったわ」と君江は笑顔をみせた。

「私も最初はまさかと思った。敷島さんから沢山の似た事柄を聞いて、それがあまりにも多いのにまず疑問を抱いた。そこで自分でも調べ始めた。だから今まで以上に聖書を読むようになったのが大きな収穫だったかな」

佐伯の感想に敷島はお茶を飲みながら笑みを浮かべている。

「無視する人や否定する側の人たちは、不思議と長年キリスト教会に通っているクリスチャンというのは驚きだった」

「なぜなんでしょうか」と、幸太郎が聞いた。

「この類の話は教会ではタブーだ。でも教会に通ってはいないが、私の話をよく聞いてくれる人がほかにも何人かいる。敷島さんの研究会にも出席するようになった人たちの多くは、隠れキリシタンのような人たちなんだよ」

「隠れキリシタンとはうまく言ったもんや。そう、何らかの理由で教会に行かへんようになった人たちが足を運んだり、またメールでつながっている」

そしてさも楽しくないことを話すようにトーンを下げて、「なぜ教会に行かへんのかの理由は、教会の中に日本を否定する左翼的空気みたいなものがあるといった理由や」

「何年か前、ニュージーランドに旅した時、友人に誘われて北島のある教会に行ったことがあるの。ちょうどその場にいた日本人女性が前に呼ばれて話したことがありましたね」

「そうだった、そんなことがあったね。その女性が、日本は暗黒の国です。人々は偶像を礼拝し離婚も増え、自殺者が年に三万人を超えている。精神的にも幼く無関心で、聖書も読む人が少なく……といった具合で、後は日本のみじめな状態ばかりを話し、どうぞ日本のためにお祈りください、宣教師を送ってください、というようなものだったなあ。なんで日本をあんなふうに話すのか、恥ずかしかった。日本と日本人を片方の目だけでしか見ていない。それも熱心な人に多いのは悲しいなあ。日本の文化を正しく学べば、誇りあるものを沢山もっているのに」

佐伯と君江はその時のことを思い出して、顔を曇らせた。

「国生み」をもう少し見て行きたい。この日本のルーツ、イザナギ・イザナミ夫婦の物語が実に破天荒《はてんこう》である。

上つ巻　七、みとのまぐわいによる国生み

この二柱はオノゴロ島を拠点に、次々に島を産んでいく。そして気がつく。夫イザナギが「私の下半身に何かがぶら下がっている。あなたの体は」と聞くと、イザナミは「一ヶ所だけ何かが足りず、くぼんでいるところがあります」

「それでは、私のでっぱっているものを、あなたのくぼんでいる穴に押し入れて、塞いで、国を生もうと思うが、どうだろう」とイザナギが仰せになると、イザナミは賛成した。

「へェー、なんと、おおらかな。もの凄い文学表現ですね」と思わず幸太郎は笑ってしまった。

「みとのまぐわいという。漢字で美斗能麻具波比。みとは性交をする場所、まぐわいは夫婦の交わりという意味だそうだ」

敷島も君江も話の内容より、表現の仕方が面白いと笑っている。

佐伯は続ける前に一言付け加えておいた方がいいと思った。

「漢字はこの物語である神話、神代のはるか後に日本に入ってきたんだ。漢字そのものには意

味がないと言えば語弊があるかもしれないが、どちらにしても音読みではなくて訓読みをして、大和ことばから来る原意を探る必要があるだろうな」

「あなた、よく言っていたわね。マイケル・ジョーダンを漢字で冗談と書けば、彼は冗談の元祖だって」

イザナギは左から、イザナミは右から天之御柱を回り、出会ったところで、イザナミが「あなにやし、えおとこを」（あなたはなんていい男なんでしょう！）、次にイザナギが「あなにやし、えおとめを（あなたはなんていい女なんだろう！）と声をかけた。

この「アナニヤシ」はヘブル語で解釈できると川守田英二氏は『日本ヘブル詩歌の研究』で次のように言われている。

「日本書紀に、『アナニエヤ（エホバは我に応え給えり）』とあるのに対し、古事記は『アナニヤシ』と記してある。故に『ヤシ』も『ヤエ』も同意義でなければならないとすでに説いた。それで『アナニヤシ』をヘブル語の『イエス（救いの神）われに応え給えり』と訳することの、更に適切なると知るに至った。『阿那邇夜志』に更に『愛』を附すれば更に妙で同義である。

阿那邇夜志愛

アナニヤシエ　　われに応えませり救いに神は」

（『日本ヘブル詩歌の研究』下巻　八幡書店刊　三十四頁より引用）

この川守田英二氏の研究によると、漢字から来る意味は第二次的で、発音されていることばがヘブル語であり、それも何千とあるという。十数年も前に絶版となっている本だが、三十年ほど前に手に入れることができたおかげで、時折ひもといてヘブル語と日本語の類似に驚かされている。東北や日本中で歌われている民謡の意味不明なことばが、聖書の意味を含んでいると彼は喝破《かっぱ》している。私たちの先祖がヘブル語を話していたイスラエル民族、渡来した人の群れの可能性が大である。

たとえば、伊勢音頭の「ササ　ヤートコセー　コーイヤナー　アーリャリャ　コレワイシェコノダンデモセー」はイスラエルの女預言者ミリヤムの歌で本来女流の歌として伝承されたものだとしている。「伊勢」の語源、地名の伊勢は歌詞の中のコレワイシェのイシェで、イシェと発音すべきところ、伊勢に訛ったと川守田氏は言う。本来の意味は救いの主ということ。イエスはイシェなりと書かれている。日本人のロマンなどというジャンルではなく、聖書預言の分野に日本が関わっていると、佐伯はなおも続ける。

ギリシャ語イエスース、ヘブル語でイシェ。あぁ、そうだ、神宮の入り口の鳥居（トリイ＝ヘブル語タライは門）をくぐると宇治橋がかかっているが、その下を流れる川の名を私たちは、五十鈴川《イスズガワ》と発音するが、「イスス川」と濁らず読むのが本来の読み方である。

「聖書と日本フォーラム」（キリスト教宣教団体）の大会が、イスラエル大使エリ・コーヘン氏をお招きして神宮内宮前の修養団伊勢青少年研修センターで開催された時だった。宇治橋を渡る途中で立ち止まり、修養団の寺岡氏が説明した「イスス川」とする発音は、新約聖書がギリシャ語で書かれていたことを知っている私たちにとっては、「イスス川」ならそのまま「イエス川」とみてとれる。アマテラスの天岩戸神話とイエスの復活と重なる。美しい川の流れが違って見える。

「なんとギリシャ語そのままですわね」と君江が相槌《あいづち》を打った。

イエスのイシェとそのところに流れる川をイエス川とは！

また川守田氏は、東北民謡「ナニャドヤラ」の日本語としては意味不明の歌詞がヘブル語の詩歌だと解明したことで名が知れている。

ナーニアッアド　ヤーラ　ヤーウ
　ナニアーッ　アド　ナサール　アエノ　サーイェ
ナーニャッ　アド　ヤーラ　ヤーウ

東北の人たちは全く意味がわからず、ただ世代を超えて歌い続けてきたわけだ。

日本語に訳すと

民の先頭にエホバ進み給え

民の行手よりわれら掃蕩せんとす毛人アエノを
民の先頭にエホバ進み給え
となるという。

話を古事記に戻そう。

イザナミである女から声をかけたために、二柱の神から生まれてきたのは手足のない水蛭子《ひるこ》であった。悲しんでその子を葦の船で流してしまった。次に生まれたのも淡島《あわしま》で泡のように不完全だった。これもまた、この数には入らない。

そこで二柱は相談して、高天原に戻って天つ神にお伺いした。すると女神から声をかけたのが間違いだったことがわかった。そこでオノゴロに帰って、再び天之御柱を回って、今度はイザナギから「あなたはなんていい女なんだろう！」、イザナミがつづいて「あなたはなんていい男なんでしょう！」と再び交わった。そうして日本の国として淡路島を初めとして四国、九州の大八島が生まれてきたのが国生みである。

このイザナギからの行動から幸太郎は勇気をもらうことになる。彼は一人の女性と気軽に話し合える仲となって一年以上もたっていた。ただそれだけの間柄であった。確かに男と女という性を意識しなかったわけではない。ただ聖書から励まされている聖なる男女の関係には、心しなければならないと考えていた。また物事すべてに清さというものを尊ぶようにしようと決めていた。学生時代の彼は、友人たちと同じような興味を抱く、普通の学生だった。だが大学二年の時に知り合ったニュージーランドの留学生ジム・ミラーから教会に誘われて、イエスを信じて以来、考えが変わってしまったのである。ジムは今も日本に住み、中学生の英語教師をしている。

青木純子とは不思議な出会いだった。

営業の仕事の合間にいつも立ち寄るコーヒーショップがあった。次の訪問先の準備のため資料に目を通していた。幸太郎が座る場所はいつも決まっていた。外の見える窓際では気が散るので、店の中ほどの壁際だ。今日はお客さんが少ないなと思いながら周りを見渡すと、奥の方に一組、そして窓際に一人の三組だけだった。

静かで落ち着いた音楽が流れる中で窓際の女性は本を読んでいた。髪を後ろで一つに束ね、服装も清楚な感じだった。幸太郎がその女性を眺めたその時、店の外から赤い車が飛び込んできた。「ドーン!」とものすごい音がして、店が揺れた。とっさに女性の方に駆け寄り彼女を抱えて後ろへと逃げた。彼の得意技の背負い投げであった。店の中は悲鳴で騒然となった。彼女の座っていた方に目をやると窓際のカウンターが衝撃で壊れ、その破損した部分に挟まるように車のタイヤだけがクルクルと回っていた。まさに間一髪であった。「またアクセルとブレーキの踏み間違いか」と幸太郎は思った。

彼の背中にはガラス片が飛び散ったが、上着を払えば済む程度だった。彼女にもガラス片が飛び散っていた。幸太郎は大丈夫ですか？　と言って手を添え起こしてやった。女性は突然のことに驚いたのだろう、少し震えていた。幸太郎はガラスの破片を取ってやった。ガラスが突き刺さることもなく怪我もなかった。幸太郎は「大丈夫、大丈夫」と繰り返し言った。客が少なかったのが幸いしたのだろう、誰も怪我をした人はいなかった。

幸太郎は週二回柔道に親しんでいた。それが今役に立った。

しばらくして落ち着くと、女性は幸太郎に名前と電話番号を尋ねた。

それ以来、二人は時折会ってお茶を飲みながら話をするようになった。お互いの家族や趣味の話、読んだ本のことといった、誰もがするような話だ。

幸太郎は純子と会っている時間が楽しく、待ち遠しくなっていた。出会って半年が過ぎたころから純子を生涯の伴侶となる人かもしれないと思い始めるようになった。

「私は古いと言われるかもしれんが、男がイニシアチブをとらなければならないと日本神話は教えている。これをもっと日本人は自覚せなあかん。国生みが日本人ここに有りの根っこや。国がなければ日本人がないと言える……、のとちゃうか？　世界を旅できる今日ならなおさら、日本国発行のパスポートがないとどこにも行かれへんやないか」

「そのとおりだと思います。個人の権利を主張するのはよくわかりますが、権利を主張し、実行するには国のバックアップがあってこそですから」

と幸太郎は言いつつも、国が権力をほしいままにふるった場合の個人の人権は……、と思っているところへ佐伯が口をはさんだ。

「個人の人権をどこまで認めるかは、国の政策と思想にかかわること。だから独裁国家は今でも存在する。それに個々の思惑《おもわく》で人権を尊重しないのは、その人も国も不幸という他ないね」

ここで君江が夫をまるでイザナミ並みにサポートする。

「そう、思います。夫の後《うしろ》で言葉を発する私のように」

佐伯の言葉に君江の合いの手が入り、一同は笑った。

個人の尊厳を声高に叫ぶマスコミの正義は、眉唾ものである。その主張の根拠が視聴率であり、スポンサーの顔色である。革命の嵐が吹く時局ならいざ知らず、現代の日本においては、勝手気ままに、規制緩和の掛け声に伴う少子化、フリーターの温床となる。

「佐伯さん、プロポーズは佐伯さんが声を先にかけたのですか？」

「もちろん」ひと言素早く断言したのに続いて、敷島も笑いながら、

「私も先に声をかけた。日本神話を見習ったよ」

君江が後に続く。

「私から声をかけるなんてそんな勇気なかったわ。たとえ好意を抱いていたとしても、男の方から声がかかるのを待つのが女性の幸せよ」

幸太郎は納得した。納得できるのだ。女性からあなたアナニヤシ、結婚してくださいと言われる男は、幸せなのかまたは面目まるつぶれなのか、彼の心が決まった。なぜかこんな小さな会合であっても、古事記の中のイザナギから、一生の大英断の勇気が生まれるとは、不思議なことだと思った。誰かに背中を押されているような気がした。

だがプロポーズの前にどうしても話さなければならないことがある。教会に通っていることを話すということだった。他の誰に対しても何の躊躇《ちゅうちょ》もなく話せることが、純子になぜ言い出せないのだろう。イザナギが最初に声をかけたことば以前のことなのだが。それが幸太郎には重大な何かを意味しているように思えてならなかった。

お互いが同じ価値観をもっていなければ、愛など砂に描いた絵、絵に描いた餅だとジムが言ったことを思い出した。砂の上に建てた家は、嵐や洪水がくればひとたまりもない、とジムと語り合ったことがあった。二人の者が同意しないでどうして一緒に歩くことができるだろう。

上つ巻　八、モーセの十戒と十拳剣

佐伯が続ける。

イザナギ、イザナミは大八島《おおやしま》に住む神々を生んでいく。岩や砂の神、海の神、風の神、船の神、穀物の神、火の神などの十七柱、泡の神、水面の神、土の神、渓谷の神、などを生んだ。ここで火の神である火之迦具土神《ひのかぐつちのかみ》が生まれるとき、イザナミは御陰《みほこ》である女性器に深刻な火傷を負う。十四の島と神三十五の柱をイザナミは生んで神避《かみさ》りになられた。お亡くなりになったという意味である。

イザナギは悲しんで腰に帯びた十拳剣《※とつかのつるぎ》を抜いて、生まれたばかりの火之迦具土神の首を斬り落とす。熱源である火の恐ろしさを見ることができる。

※十拳剣　イザナギとスサノオノミコトが使っている剣で、モーセの戒め「十戒」との関連を示唆していると佐伯はとらえている。つく（もちを搗く）のヘブル語の意味は、発音ヅゥグからつくになったとするなら、「ドッコイショ」が「デッコイショ」（生き残りの蝦夷を粉砕せよ）となった、そ

の「デコ」である。……砕くという語はこれらの中より出て来たに相違ない（川守田英二著『日本ヘブル詩歌の研究』下巻七十二頁参照）。

また、十の戒めを破ってまでも求めるものを欲しがる人の欲望を言い表している。とすれば古事記に出てくる十拳剣はそのものずばりである。

火は神の裁きの道具、だから恐ろしい。創世記十九章で、ソドムとゴモラの上に硫黄の火が天の主のところから降ったとある。レビ記十章にはアロンの子ナダブとアビフは、おのおの自分の火皿を取り、その中に火を入れ、その上に香を盛り、主が彼らに命じなかった異なった火を主の前にささげた。すると、主の前から火が出て彼らを焼き尽くし、彼らは主の前に死んだと記されている。また民数記十一章一節に、イスラエルの民が荒野でモーセにつぶやいた時、主がこれを聞いて怒りを燃やし、主の火が彼らに向かって燃え上がり、宿営の端をなめ尽くしたとある。他にも神の怒りの裁きが火によって下されている聖書の記述は多い。

見事という他ないが古事記はそれを、火之迦具土神を生んだとき命《イノチ》がこの世に生まれる道である女性器に火傷を負ったと表現する。火というめらめら燃えるものを初めて見た古代の人には、すべてを焼き尽くす恐ろしいものと映ったであろう。また光と熱をもたらす火に畏怖の念を抱いたことであろう。イザナミは病の床に伏しながらも嘔吐物《おうとぶつ》、大便、尿から石炭、鉄、金、銀、銅、土器、水を生む。この日本の地に物理的なものが掘り出され、製品として発生していく様を象徴的にイザナミの病の床から表現していることか。そしてイザナミは亡くなる。イザナギが悲しみ嘆きながら十拳剣を抜いてとあるのは、モーセの十戒をもって対処し聖書の律法をもって事を糺《ただ》すという意味に取れる。

日本という国の誕生になくてはならぬ戒めを人に教えるがごとく、それ以後三度も十拳剣は振るわれている。最初の一撃は、この火の神、火之迦具土神の首を斬り落とす。この神の体から、炎がほとばしり、真っ赤な血が噴き出し、新たな神が成ると記されている。このあたりから創造初期の天御中主神、高御産巣日神、神産巣日神が成るということばが使われたように、最初の「成る」ということばに戻るのは、日本において新しい文化の始まりを意味していると見てよいだろう。神生みから「成る」に戻るなど、実に日本国の誕生に関しては、特別の意味があることを古事記は記す。剣先からの血が岩に走り付くと岩と剣の神が成り、剣の根元に付いた血が岩に飛び散ると雷と火の神が成った。

別々に記されている戒めを分析すれば、十のうちの初めの四つの戒めは神に関したものであり、後の六つの戒めは人に関係したものである。古事記の意とするところを的確に知ることができる。また十戒がモーセによって授けられた直後、出エジプト記二十章十八節には、「民はみな、雷と、いなずま、角笛の音と、煙る山を目撃した」とある。

実に雷が響き渡ったのである。

十拳剣の名は天之尾羽張《あめのおはばり》、またの名を伊都之尾羽張《いつのおはばり》という。オハバリはヘブル語で「オハ」は天幕のことで、「バリ」は張るだから、天幕を張るとなる。（『日本ヘブル詩歌の研究』下巻二百三十七頁参考）

旧約聖書における天幕と十戒は共に、モーセとは切り離せない。イスラエルの民にとっては重要そのものなので、後ほどまた十拳剣が登場する場合も切羽詰まった時に使われている。

「イザナミから生まれた神々とは日本国の火山噴火であり、物理的現象として火をとらえていたとも考えられませんか？」幸太郎は聞いてみた。

「そう、噴火とも解せる。しかし、人がこれから日本の国造りをしようとする時、人の心の中からの悪い思いや謀《はか》りごと、不品行や汚れが火山のように噴き出てくる。そのような悪を十戒である十拳剣によって、イザナギが対処する。憎しみの火、妬《ねた》みの火、盗みの火、不品行の火、むさぼりの火などである。同時に民を導く剣でもあることを古事記の知恵として私は選びたいね」

佐伯は亡くなったイザナミを悲しんだイザナギのその後に話をもっていった。

「なぜ亡くなったのか！　もう一度会いたい」、とイザナギはイザナミを黄泉《よみ》の国へ追いかけていく。

「あの世で死者は、私たちと同じ生活をしていると思ったからでしょうか？」

君江の言葉に疑問をもった幸太郎は、

「そんな程度で書かれているのなら、古事記はただの普通の物語ではありませんか。……ちょっと言い過ぎかな？」と言ってみた。

そんな幸太郎を、賢い若者だと思いながら佐伯は続けた。

「黄泉の国でこの地上と同じ生活をしているかどうか、知りたいのは誰しも同じだと思う。ただ死後の世界に果てしない関心を抱いていた。いや興味かな？　興味という範疇《はんちゅう》ではないかもしれないが、どちらにしても愛した女性に会いたいという切なる思いだったということには変わりないだろうな」


さて黄泉の国でイザナミに会う。

「愛しのイザナミよ。いっしょに帰ろう」

「なぜもっと早く来てくださらなかったの。もう私は黄泉の国のかまどで炊いたものを食べてしまいました。(『吾は黄泉戸喫為《よもつへぐいし》』)」

穢《けが》れてしまったと言う。

「帰る望みを少しでももっていたイザナミの願いはわかる気がするわ。でも夫の来るのが遅かったのね」

そうこの辺りまでは希望が見える方向で話が進んでいたのだ。イザナミは必死だったろう。

「黄泉の神に相談してきます。どうかその間は、私を見ないと約束してください」とお願いしたくらいだから。

幸太郎は子供のころから死後の世界に関心があった。いや関心というより恐怖かもしれない。夜一人で寝床に入ると、死んだらどうなるのだろうか、俺は無くなって無になるのだろうか。その恐怖は中学生の頃からさらに強くなった。生まれる前の自分が無かったように死後もまた無と考えれば恐ろしかった。戦慄の感覚を友人に話しても、誰も相手にしてくれなかった。しかし今の幸太郎は、聖書に親しみ、教会にも通い始めて以来、不思議なことだが思い出そうと試みても死の恐怖を覚えたことは思い出せない。恐怖の訪問者は二度と現れなくなった。幸太郎が教会の門を去らなかった理由の一つがそこにあった。イエスの死のよみがえりを信じたその時以来、彼自身からも、またどのようなものからも取り去ることのできない新たな希望が生まれる体験だったのである。

死後もイザナミには意識があった。黄泉の神に相談したうえで帰ることもできるとイザナミは希望をもっていたことは、神話としても復活が実現する物語は日本にもあるのだ。

佐伯は古事記の死後の世界を描写する。

しかしイザナギはしびれをきらして御殿の中に入ってしまった。中は真っ暗で何も見えない。そこで束ねた左の髪に刺してあった櫛の歯を一本折って、一つ火《び》を灯《とも》した。そこに見たのは腐敗した蛆《うじ》にまみれた変わり果てたイザナミの姿だった。頭には大雷《おおいかずち》、胸には火雷《ほのいかずち》、腹には黒雷《くろいかずち》、陰部《みほと》には析雷《さくいかずち》、左手には若雷《わかいかずち》、右手には土雷《つちいかずち》、左足には鳴雷《なるいかずち》、右足には伏雷《ふすいかずち》の八つの雷がいた。

敷島が言った。

「私が田舎に住んでいた時、家は隣から百五十メートルも離れている小高い場所にあった。玄関のすぐ前と南側の十メートルくらいのところに立つ電柱に十年の間に、三度も雷が落ちた。ピカッ、数秒後のゴロゴロではない。ピカッ！　ビシッ！　と同時にブレーカーが落ちた。夜だったから真っ暗になった。あの光と音は恐怖そのものや。パソコンも印刷機も電気製品は全て壊れた。雷は恐怖の代名詞や。死はすべてのものを人から奪ってしまう。そう暗闇や」肝《きも》を冷やしたと話を続けた。

旧約聖書の大預言者イザヤの最後の六十六章の最終節二十四節にあることばを読んでみよう。

「彼らは出て行って、
私にそむいた者たちのしかばねを見る。

そのうじは死なず、その火も消えず、
それはすべての人に、忌みきらわれる。」
「イザナミの黄泉の描写＝腐敗した蛆にまみれ変わり果てた妻＝は、黄泉に囚われた姿を描いたものと思われる。旧約の預言者イザヤの『うじは死なず、その火も消えず』を日本に辿り着いた古代イスラエルの預言者たち、イザヤの信仰を胸に秘めた一群が、死後の世界の恐ろしさとして古事記に書きとめたのではないかな。古事記が伝承され、記録として神話化されているとしても、聖書の大預言者イザヤの最後のことばから派生しているとしか思えへん。何と言っていいのか、ことばもあらへん。古事記のイザナミの死後の姿が、地獄の様子を連想させるのは個人個人の受け取りいかんやけど。どんなもんかな？」

佐伯は引き継ぐ……その象徴化した物語を……

イザナギは恐ろしさのあまり逃げる。後ろからイザナミが醜い姿を見られたので、「わたしに恥をかかせたな、約束を破った。許せない！」と言って、黄泉の国の恐ろしい醜女《しこめ》に追わせた。追いつかれそうになったイザナギは髪に巻きつけていた蔓《つる》で編んだ髪飾りを取って投げ捨てると、蔓が茂り葡萄《ぶどう》の実がなった。（キリスト者はいのちの実を葡萄の実と言い表す意味がよくわかる。）この葡萄の実を食べつくした醜女はまだ追って来る。そこでイザナギは左右に束ねた髪の右側に刺した櫛を投げつける。すると今度は筍《たけのこ》が生えてきた。これも醜女は食べつくし、また追いかけて来る。醜女だけでなく、たくさんの悪霊も追いかけて来る。ここでまたイザナギは十拳剣を抜いて後ろ手で振り回す。黄泉の国と現実の世界の出入り口まで来た時に、一本の桃の木を見つけその実を三個取り、投げつけると悪霊は姿を消した。十拳剣はここで二度目に登場したのだが、神さまの戒めを守る時、死の恐れと呪《のろ》いが去っていく。

ところが、最後になって、再びイザナミが追いかけてきて、千人力なしには動かせない大岩をはさんで言葉を交わす。イザナミが言った。

「愛しい我が夫イザナギよ。このような仕打ちをするならば、あなたの国の人々を一日千人絞め殺しましょう」

イザナミが応えて言った。

「愛しい妻がそのようにするならば、私は一日千五百の産屋《うぶや》を建てよう」

こうして二柱は永遠に決別した。

「神が男と女とに彼らを創造された」と創世記一章に書かれてある。次に「神は彼らを祝福された。神は彼らに仰せられた。『生めよ。ふえよ。地を満たせ。地を従わせよ。海の魚、空の鳥、地をはうすべての生き物を支配せよ。』」のことばそのものが、イザナギとイザナミの会話からもうかがえる。同時に、私は黄泉の国のかまどで炊いたものを食べてしまいました。『吾は黄泉戸喫為《よもつへぐいし》』の穢れである女が神の戒めを破った結果までも描いている。古事記は、アダムとエバに「人類よ生めよ、ふえよ」と祝福した後の原罪に至る他に類のない解説書のようにみえる。

二〇一九年令和元年厚生労働省人口動態統計年間推計、国内で生まれた日本人の子供の出生数は明治以来最少だった前年の九十一万八千四百人を下回り、八十六万四千人と過去最低を更新したと言った。なんと昨年から五十万人も減少したということは、東京都江東区の人口、また姫路市の人口くらいが減ったことになる。また死亡者は前年二〇一八年が百三十六万二千四百七十人、令和元年は百三十七万六千人とのこと。戦後最多となり、高齢化も進み十年連続増加している。また婚姻件数も戦後最少を更新中である。

これは古事記から見ても聖書から見ても国難である。

人類最古の書である聖書の記述が古事記のそこかしこに含まれている不思議に、幸太郎は言葉もなかった。二十歳で聖書に親しみ教会に出席し始めて七年間、日本の文化などは聖書と無関係だと思い込んできた。それが音を立てて崩れていく。むしろ日本人としての立ち位置を得て魂《たましい》が高揚していく感覚である。

明日の日曜日、彼女と会ってきちんと「ぼくはクリスチャンです。神さまを信じています。

君も聖書を読んでほしい」と言ってみようと心を決めた。

一夜明けて日曜日の午後待ち合わせしたコーヒーショップで彼女と会った。

「ここで会って一年以上になるけど、話しておきたいことがあるんだ」

「なにかしら」

「ぼくのことなんだ。君と会って話しているといつも楽しい。楽しいだけでなく、この時間がずーっと続けばいいと思う……実はぼく、クリスチャンです」

幸太郎は思いきって純子に話した。が、純子はなにも言わなかった。黙ったまま幸太郎の目を見ていた。店の中の喧騒が一瞬消えたように幸太郎には思えた。心臓の鼓動だけが聞こえるような気がした。

自分を落ち着かせようとコーヒーをごくりと飲んだ。

「大学二年生の時、ジム・ミラーに教会に誘われて、キリストを信じた。今も教会に通っている。今日も行ってきた帰りなんだ」

ジムが親しい友人ということは純子も知っていた。二、三度会ったことがあった。

純子は黙って幸太郎を見つめたままである。

人が何かを信じるということは、その人の生き方に大いに関係する。少なくとも幸太郎はそう思っていた。ほとんどの日本人はみな仏教徒であると思っているようだが、釈迦の教えや仏教の戒律にこだわりなどはない。宗教が人生を左右することは滅多にない。どの国でも同じようなものであろう。アメリカ人にしてもヨーロッパ人にしても幸太郎の知る限り、クリスチャンとは言いながらモーセの「十戒」やイエスの「隣人を愛せよ」という戒めを守って生きているかと言えばそうでもない。だが幸太郎の通っている教会の牧師やクリスチャンたちは、西洋人でも日本人でも、聖書のことばを座右の銘にしていた。だから「ぼくはクリスチャンです」と告白することは、一大事だったのである。

さらに「ふたりの者は、仲がよくないのに（同意しなければと言う人もいるし、打ち合わせしないなら、という人もいる）どうしていっしょに歩くだろうか」という聖書のことばも聞かされていた。彼女がぼくの伴侶となる人かもしれない、いやそうではないかもしれないが、純子と親しくなればなるほど自分を知ってほしいと思った。

「あら、知っていたわ」純子の口から出たことばは、幸太郎を驚かせた。

「え！」

「私、今朝方夢を見たの。白い衣《ころも》を着た人がこう言ったわ。『あなたの好きな人が、私が仕えているお方を信じていることを打ち明けるから、驚かないで』と。その人はこうも言ったわ。『あなたは日本人だから驚くかもしれないが、その人は日本人であることを誇りに思うようになる。だからあなたも日本人であることを誇りに思うように』って」

幸太郎は彼女の口から何気なく発せられた好きな人という言葉がことさらにうれしかった。

「どうして、なぜそんなことがあるの？　本当かい、信じられない！」

「日本って教会に行っている人が少ないから、私に打ち明けるのに勇気がいったでしょう？」

「うん、そのとおり。でもそんなことがあるのって、夢のようだ」

「夢よ。だから正夢よ」

純子は幸太郎がクリスチャンであることを喜んでいるように見えた。

「君はぼくが聖書を信じ、イエスを信じていることをどう思う？」

「私も教会に行ってみたいわ。教会に行こうなんて夢にも思ってなかったけど。あなたが正直に言ってくれたでしょ、うれしかったわ」


それからの一ヶ月はあっという間に過ぎた。もうすでに敷島は部屋のソファーに座っていた。

「佐伯さん、この前、イザナミが先に声をかけて失敗をしたことを聞いて、やっぱり男から声をかけなくてはと決断をしました。彼女に告白しました」

「プロポーズしたのかい！」

「いえ、そこまでは……ぼくがクリスチャンで教会に通っていることを話しました。それが先だと思いました。ぼくには大きな一歩です」

「それは良かったわ。本当にすごい一歩よ」

幸太郎が自分の立場をはっきりさせることの大切さは男ならなおさらだと、君江は思った。

女として妻として、そうでなければ頼りになる夫にはなれないと、常々思っているからだ。

幸太郎はコーヒーショップでの普通ではない出会いと、彼女の不思議な夢の話もした。

佐伯の三度目の講釈が始まった。

上つ巻 九、アマテラスとイエス・キリスト

今日はアマテラスに登場してもらうことにしよう。

イザナギは黄泉の世界から戻ってきた後、身も心も黄泉の汚れにまみれていた。そこで九州の日向《ひむか》の阿波岐原《あはぎはら》に行き、禊祓《みそぎはらえ》をされた。その時身に着けていたものをひとつひとつ外していく途上で道しるべの神、時間を司《つかさど》る神、煩《わずら》いの主の神、分かれの道の神など、多くの神々が成られた。御身に着けたものをすべて外されたイザナギは、禊《みそぎ》を始め、「上の瀬は流れが速い、下の瀬は流れが弱い」と言われ、中の瀬に潜り、身をすすがれた。その時成ったのが禍いの神である八十禍津日神《やそまがつひのかみ》と、凶事を引き起こす神である大禍津日神《おおまがつひのかみ》。次に、その禍《まが》を直そうとして成ったのが、神直毘神《かむなおびのかみ》と大直毘神《おおなおびのかみ》。清浄な女神である伊豆能売《いずのめ》。こうして清浄の身となったイザナギが、左の目を洗うとアマテラスが生まれ、右の目を洗うと月読命《つきよみのみこと》、鼻を洗うと建《たけ》速須佐之男命《はやすさのおのみこと》が生まれた。これを三貴子《みはしらのうずのみこ》という。

たくさん子を生んできたが、この三柱の貴い子、アマテラスに高天原を知らせ（治め）、月読命には夜の世界を知らすように、建速須佐之男命には海原を知らすように命じられた。

ここで、禊と聖書のバプテスマについてその意とするところを敷島が解説した。

禊とは、全身を水中に浸し、水から上がって身も心も清める儀式。過去に犯した様々な罪を赦《ゆる》し、直され、新しく生きていくという意味がある。まさしく古事記の神々の名がそれを表現しているのは、聖書がいうバプテスマと同じ。イエスの弟子ペテロは、洗礼すなわちバプテスマは肉体の汚れを取り除くものではなく、正しい良心の神への誓いであり、イエス・キリストの復活によるもの、だと言っている。水から上がるとは死から蘇《よみがえ》ること、ノア夫婦と三人の息子夫婦八人が箱舟の中で水を通って救われたことが、私たちを救うバプテスマをあらかじめ示した型だと説明もしている。イエスは罪を犯さなかったが、ヨルダン川でバプテスマのヨハネからバプテスマ、洗礼を受けておられる。全身を水に浸すので浸礼と呼ぶ人もいる。禊と同じだ。

ちなみにヘブル語メイは水、ソギは行く、流れるという意味で、清めるためにはそれは流れる水、泉の水、滝の水、川の水である。メイソギが東の地の果て日の上るところ、日本にたどり着き、日本人となったイスラエル人たちは時代の流れに沿ってメイゾギ、なまって禊《みそぎ》と発音するようになったと、シャハン※博士は言っている。

※『失われた十部族の足跡』（ＮＰＯ法人神戸平和研究所発行）の著者。一九三三年生まれ。イスラエ

ル教育行政に深く関わる。現在アリエル大学で軍事史を講じる。

「日本人が毎日風呂に入る風習は禊が深く関わっているんや。世界でも清潔な好きな民族であるのはただの風習、習慣ではなく、清めるということのヘブル民族との同一性も押さえなあかんね」

と敷島の解説につづいて佐伯も言う。

「食事の前に手を洗うユダヤ人の風習があったからこそ、ヨーロッパでペストが流行したときも、ユダヤ人は罹《かか》らなかったということを聞いたことがある」

「私たち日本人も、手を洗わないで食事はしないわよ」

子供のころ遊んで帰ると「手を洗いなさい！」と言っていた母の声を幸太郎は思い出していた。

古事記の本題のところに戻ります。

ところが海原を治めるように命じられた須佐之男命は、言いつけを守らないで放蕩に身をもち崩す。与えられた仕事もせずに遊びほうける。『海原を治めなさい』は地に住む、いや日本に住むというべきか、そのところの人民を治めなさいということである。その務めをないがしろにした。

「そう、どうだろう？　個人個人に当てはめてみたら、心を治めるということにもつながるのでは？　箴言《しんげん》に、『力の限り、見張って、あなたの心を見守れ。いのちの泉はこれからわく。』とあるが、須佐之男命は心を守らへんかったようや」と敷島。

その暴れようは、泣きわめく暴風雨のようで草木も山も荒れ放題、小川も大川も海まで干上がり、ありとあらゆる災いが起こるほど凄まじいものだった。

イザナギ「どうして泣いてばかりいるのか」
須佐之男命「亡き母の根之堅洲国《ねのかたすくに》に行きたい」
イザナギは怒って「この国には住むな。出ていけ」
須佐之男命「そうだ、姉アマテラスのところに行こう」

こうして彼は天上に参上するとき、地の騒ぎまで持参したために、アマテラスは驚いて、ただ事ではない、この国を奪おうとしているに違いないと身構えて戦いの準備をした。そして尋ねた。

「なぜ高天原にやってきたのか」

「わたしには邪心はありません。イザナギ様に叱られたので、お姉さまのアマテラス様に会いたくて来たのです」

「ならばその証拠を見せよ。赤き清き心を見せよ」


そこで須佐之男命は、その証のために神の御霊をいただき、み子を生みましょう、と言ったのでアマテラスは承知して、お互い宇気比《うけひ》である誓約を結ぶことにした。

地球はただの物質。罪犯す人もただの肉片で、荒れ狂う罪の嵐をもたらすだけでしかなく、そこに神の御霊が注がれて希望をもたらす。

それを古代の日本人は、宇気日《うけひ》、宇霊《うけひ》と漢字で言い表した。地球の物質に、いやこの場合、日本を治める須佐之男命に霊の賜物が入ったと言っていい。その儀式が宇気比なのである。


「宇気比とは、神のみこころそのままの正しいことを教えてくださいと祈り、神のみ心をいただくことでもあります。天照様は限りなく愛深く、限りなく叡智を、いのちを、すべての善いものを与えてくださる大もとの神です。その、目には見えないが一番確かに存在する自由自在な神の心（陽の気、天の気）を、須佐之男様（地の気、地球）がいただくことで、地球の生物は乗じるのだという思いも、このものがたりはこめられています。」（『誰も教えてくれなかっ

た日本神話』講談社刊、出雲《いずも》井《い》晶《あき》著、九十四頁）

「日本の神話を実にわかりやすく教えてくれているね。聖書に親しむ私たちキリスト者が実生活でキリストの言われている御霊の働きそのものをこの宇気比から学ぶこともできるね」という敷島の言葉を幸太郎は胸に刻んだ。

　佐伯はその後に登場する十拳剣に話を進めた。

須佐之男命の腰におびた十拳剣をアマテラスは手に取り三段に打ち折り、口に入れ嚙んで吹き捨てる。アマテラスの持っていた勾玉を須佐之男命が水の湧きでる天の真名井の水で清める。これを口に入れかみ砕いて、吹き出した息の霧になった神が、正勝吾勝勝速日天之忍穂耳命《まさかつあかつかちはやびあめのおしほみみのみこと》である。この神が葦原の中つ国（日本）に天降られた邇邇芸命《ににぎのみこと》の父となる。後でこのニニギがイスラエル民族の父、系図上のヤコブと重なる。

　走る佐伯の後ろでボールを受け取るラグビー選手のように、敷島は両手で受け取りスピードを上げた。二〇一九年十月、日本でラグビーのワールドカップが開催されていた。日本チームは四連勝目をスコットランドチームから奪い取ったのだ。

アマテラスが十拳剣を水ですすぎ、口に含んで噛んでという表現は、モーセの十戒を全身全霊で受け噛み砕いて受け継いでいくことを表す。新しいいのちが吹き込まれる日本の国が、ここに出現するのだぞという決意と見ていいだろう。須佐之男命も玉をかみ砕くという意味も、アマテラスの心の内を受け継いで自分のものとする意味が込められている。

「しかし、十戒の律法は、しょせん罪の自覚をもたらすものにしかすぎへん。罪に打ち勝つ心の新生をもたらす力にはほど遠いわ。次の須佐之男命が言ったことばからも察しがつくわ」

『どんなもんだ。吾輩が清き赤きこころの持ち主だったから勝った』

さらに調子に乗って、アマテラスが耕した御作田の田のあぜをこわし、水を灌《そそ》ぎ入れる流れをこわし、新穀のとり入れ後初穂をそなえ、神事をする神聖な御殿に糞をまき散らす。

それでもアマテラスは咎めもせず言われた。

『糞をまいたのは酔って吐いたのでしょう。田の畔をこわし、溝を埋めたのは土地が惜しいと思ったからでしょう』

しかし須佐之男命の悪い態度はひどくなる一方だった。反省することもなく、アマテラスの神にお供えする御衣の機織り小屋の屋根に大穴をあけ、そこからまだら模様の馬を尻の方から皮を剝《は》ぎ、生きたまま織屋の中に投げ込んだ。機織り女はびっくりして、梭《ひ》＝横糸を巻いた竹の管＝で陰上《ほと》（＝女性器＝）を突き刺して死んでしまった。

佐伯はみんなに目をやった後、敷島の方を見て言った。

「神聖な神殿に糞をまき散らすなどは言語道断ですよね」

「そうや、イエスも宮に入って、宮の中で売り買いする者たちをみな追い出し、両替人の台や、鳩を売る者たちの腰掛けを倒され言われた。『わたしの家は祈りの家と呼ばれる』と書いてある。それなのにあなたがたは強盗の巣にしている。まるで神殿に糞をまくとは、強盗のようだと同じことを言われている。佐伯さん、この須佐之男命の行状で何かほかに感じたことがあるのではないですか」

「須佐之男命はすべての人のタイプであるように思うのですがどうでしょうか、敷島さん」

「そうや。すべての人は罪を犯したために神の栄光を受けられなくなっているんや」

また、

「義人はいない。ひとりもいない。
悟りのある人はいない。神を求める人はいない。
すべての人が迷い出て、
みな、ともに無益な者となった。
善を行なう人はいない。ひとりもいない。」

「彼らののどは、開いた墓であり、
彼らはその舌で欺く。」

「彼らのくちびるの下には、まむしの毒があり、」

「彼らの口は、のろいと苦さで満ちている。」

「彼らの足は血を流すのに速く、
彼らの道には破壊と悲惨がある。

また、彼らは平和の道を知らない。」

「彼らの目の前には、神に対する恐れがない。」


「こうパウロが詩篇を引用（ローマ人への手紙三章）したように、まるで須佐之男命の行状そのものが見えるようや」


アマテラスがすばらしい、と佐伯が続ける。

「アマテラスの真骨頂を見ていこう」

アマテラスは自ら進んで天の岩戸にお隠れになった。天の岩戸に引き籠り、お隠れになったとは、身分の高いお方の場合お亡くなりになったという表現方法である。

ここで、「アマテラスとタカミムスヒとイエス・キリスト」について一言と言い天武天皇、持統天皇、藤原不比等の時の皇祖神はアマテラスになったと、日本とイスラエル古代史に詳しい久保有政氏の説明から少々お借りした。

アマテラス信仰に投影されたタカミムスヒ（キリスト）と題して、久保氏は次のように説明する。（レムナント誌2018年6月号参照）

日本の皇祖神の元は男神でした。しかし女性天皇の正統性を示すため、女神アマテラスに取り替えられたのです。とはいえ皇祖神が男神だったことの名残は、アマテラス信仰になった後も、幾分引き継がれました。

たとえば、アマテラスは一般には女神とされる一方、男神という説も昔から根強く存在していたのです。男神タカミムスヒの姿が、アマテラスに投影されていたからです。たとえばすでに平安時代に、大江匡房《おおえのまさふさ》は、伊勢神宮に奉納されるアマテラスの装束一式は「男性用」であると指摘していました。江戸時代の伊勢外宮神官・度会延経《わたらいのぶつね》も、「これを見れば天照大神は、じつは男神のこと明らかなり」と指摘しています。

また、京都祇園祭の岩戸山の御神体として祭られたアマテラスは男性の姿で、しかも「眉目《びもく》秀麗《しゅうれい》の美男子」です。これらのことはアマテラス信仰の元が、天照タカミムスヒ＝天照御魂神＝イエス・キリストだったからと考えるのが、最も自然でしょう。

元が男神だったから、アマテラスにもそれが投影され、男神説が昔から根強くあった。元はイエス・キリストですから、天武・持統天皇、藤原不比等以後に皇祖神神話が都合良く変えられたとはいえ、以後のアマテラス信仰にも、キリスト的名残が多くあります。たとえば「天岩戸」神話です。天岩戸と呼ばれる洞窟に、アマテラスが隠れたため、世界が暗くなったという話です。

ある時イエス・キリストは、「わたしが世にいる間、わたしは世の光です」（ヨハネ九章五節）と語られました。世の光であるのは「世にいる間」ですから、キリストが死んで復活されるまでの間、世は暗くなったわけです。同様に、アマテラスが岩戸の中に隠れると、世界が暗くなりました。

アマテラスが隠れた「岩戸」は、横穴を岩の戸でふさいだものでした。それはキリストが葬《ほうむ》られた墓にそっくりです。キリストの墓も横穴式で、入り口に岩の戸があります。このように、アマテラスが岩戸に「隠れた」ことに、キリストの死と葬りが暗示されているのですね。アマテラスによる「あがない」と「復活」についてですが、神道家によれば、このアマテラスの岩戸隠れには、「あがない」の意味もあったといいます。神社本庁の調査部長・岡田米夫氏は、その著『大祓詞の解釈と信仰』（神社新報社発行　昭和三十七年初版）においてこう書いています。

「（天照大神の）この神隠れは、国津神《くにつ》スサノオノミコトの罪を、天照大神が徹頭徹尾、自らあがなわれ、身を隠されたことを意味する。天照大神はスサノオノミコトの罪を責められず、その改悛《かいしゅん》を最後まで期待されるとともに、常に『むつまじき心もちて、相許したもう』という大きな慈愛と包容力とをもって、その罪をゆるし、あがなわれたと書紀に見えている」

天照大神の復活

岩戸隠れには「罪のあがない」の意味があったというのです。また岡田氏は、アマテラスが天岩戸から出てきたことには「復活」の意味があったとも述べます。

「この神隠れした大神の再出現を祈るのが、天の岩戸の祭りであって、その祈りの果てに、天照大神は再び復活され、世にいう天岩戸開きとなるのです。

それ以後、天照大神は永遠に生き神として、輝かしい御光を私共の上に投げかけておられる。天照大神はまた、須佐之男命の罪をあがなうために、一度は神隠れされるが、再び復活されて、人々に、『温かい手をさしのべられ、人々の罪を許す神』として今に至って、私共の上に輝きわたられているというのが、民族古典の示すところである」

このように、アマテラスの岩戸隠れは、イエス・キリストの「あがないの死」「復活」と同様の意味を持つものだったと解釈されているわけです。

そのほか、アマテラスの岩戸隠れの際に「常世《とこよ》の長鳴鳥《ながなきどり》」が鳴いて朝を告げる、ということもありましたね。

これを受け継いだ伊勢神宮の式年遷宮では、儀式の始めに宮司が「鶏の鳴き声を三回」します。遷宮以外の時でも、伊勢神宮に早朝に行くと、いつも鶏の声が聞こえ、そのの ち門が開きます。同様に聖書によれば、イエスが十字架の死をとげる前夜、使徒ペテロが「イエスを知らない」と三度嘘をつくと、その時イエスの預言通り鶏が鳴きました。アマテラスが隠れた岩戸にそっくりである。

天照大神のルーツとキリストに関して久保氏は次のようにも言う。

「このように、アマテラス信仰には、かつてのイエス・キリスト信仰の名残が少なからず見られるのです。七世紀後半以降に皇祖神信仰が変質し、様々な神話が付け加えられたとはいえ、それでもアマテラス神話には、イエス・キリスト信仰の名残がみられます。アマテラス信仰は（天照）タカミムスヒ＝イエス・キリストが元だったからです。

すなわち古代において、イエス・キリスト↓（天照）タカミムスヒ（アマテルミムスヒ）↓アマテラスというつながりがありました。つまり日本人が古来、アマテラスという神を通してみてきた実体は、イエス・キリストにあります。このかたこそが、本当の皇祖神なのです。このかたこそ日本建国の神、日本国民の総氏神です。日本の国旗『日の丸』も、本来は真のお天道様であるイエス・キリストを表していたのです」


もう幸太郎は言葉もなかった。一ヶ月前の興奮がまだ続いていた。

外国に住むと日本の文化と風習があまりにも違うので、多くの日本人はカルチャーショックを受けるというが、そんなレベルではなかった。彼の通うキリスト教会では日本を学ぶということは露ほどもなかった。聖書とは無関係なのが日本であると思い込んでいるから、無理もない。しかし、日本における数千年の歴史の蓄積が聖書の内容と深く関係していることを、純子にも知ってほしいと思い始めていた。

次に機会があれば、彼女をここに連れてこよう。そして佐伯夫妻と敷島さんにも紹介しよう。幸太郎は自分が通う教会に誘う前に、共に佐伯さんの古事記の話を聞き、敷島さんの聖書からの説明を聞く方がいいのではないかと思った。

幸太郎は話の腰を折るのではないかと心配したが、思い切って聞いた。

「お願いがあります。このような会合を次はいつもつのでしょうか。ぼくは次も楽しみです。このメンバーで集まる時がわかれば……」

「わかれば？」と敷島も不思議そうに幸太郎の方を見た。

佐伯は何事かとふり向き幸太郎をみた。

「ぼくが一年余り付き合っている人、先ほど話した人ですが、その女性にも聞いてもらいたいので、次の機会がわかれば誘ってみようと思って」

「うわーッ。それはすばらしい！」君江は思わず両手を合わした。

敷島も佐伯も顔を見合わせてうれしそうに笑った。

「二週間後の土曜日はどうだろう」、敷島の提案にみなが賛成した。


次の日の日曜日の夕方、幸太郎は純子に会った。十月も終わりなのに寒さはまだやって来ない。天候が不順だ。純子に古事記と聖書のかかわりを話し、一緒に行ってみないかと誘った。

「その家の佐伯夫妻、近所に住む六十代後半の敷島さんという男性の三人で気楽にお茶を飲みながら、古事記を囲む集いのようなものなんだ」

「わー面白そうね。連れてって」

幸太郎のほっとした顔が純子にもわかった。
純子も、古事記には多少関心をもっていたのである。
その二週後の土曜日、幸太郎は純子と一緒に佐伯家を訪れ、みんなに紹介した。

上つ巻 十、ニニギとヤコブ、山幸彦とヨセフ、ウガヤフキアエズとエフライム

自己紹介が終わったところで、敷島がまず口を開いた。「さて、今日は」と始めた。古代イスラエルの「失われた十支族」の王族であるエフライム部族の流れを汲むという、天皇家の記事を読んだことがある。その中に両家の系図がほとんど同じだと記されていたことには驚かされる。で私が多く学ばされている久保有政氏発行のレムナント誌から参考にさせてもらいながらと言って話し出した。

ラビ・マーヴィン・トケイヤー氏に私も会ったことがある。その著『日本・ユダヤ封印の古代史』(徳間書店)の中で、両者の系図を比べている。

それをみると、系図の骨子がよく似ている、いや同じとしか思えない。天皇家は、天孫民族の父祖ニニギから生まれた子孫で、一方、エフライムは、神の選民イスラエル民族の父祖ヤコブから生まれた子孫である。

古事記によればはじめ天から降りるはずだったのはニニギではなく、別の者(オシホミミ)

だった。ところが、彼が準備をしている間にニニギが生まれたので、結局彼に代わってニニギが降りることになった。ニニギは天から降りてきて、天孫民族の父祖となった。

同様に聖書によると、はじめ神の民の祖となるのはヤコブではなく、彼の兄エサウだった。長子の特権はエサウのものだった。だが祝福はヤコブに引き継がれ、ヤコブがイスラエル民族の父祖となった。

またニニギは、天から降りてくると、美女コノハナサクヤヒメに恋をして妻にしようとする。ところが、彼女の父はニニギに、彼女だけではなく、彼女の姉の面倒も見てやってくれという。しかし姉は醜かったので、ニニギはこの姉を父に返してしまう。

同様に聖書は、ヤコブは美しい妹ラケルに恋をして彼女を妻にしようとする。ところが彼女の父は、妹を姉より先に嫁がせることはできないから姉（レア）も妻にしてやってくれと、ヤコブにいう。しかし、姉は妹のようには美しくなかったので、ヤコブはこの姉を嫌った。

このように、ニニギとヤコブの間に対応関係が見られる。

またニニギは、コノハナサクヤヒメとの間に山幸彦（ホオリ）を生む。ところが山幸彦は兄の海幸彦にいじめられ、海神の国へ行く。そこで山幸彦は神秘的な力を得、田畑を凶作にして兄を悩ませるが、そののち兄の罪を赦す。

聖書においても、ヤコブは妻ラケルとの間にヨセフを生む。ところがヨセフは兄たちにいじめられ、エジプトに行く。ヨセフはそこでエジプトの宰相にまで上りつめて力を持つが、兄たちが凶作のために苦しんでエジプトにやって来た時に彼らを助け、その罪を赦《ゆる》す。

このように山幸彦とヨセフの間にも類似がある。

また山幸彦は海神の娘（トヨタマヒメ）をめとり、その間にウガヤフキアエズを生む。ウガヤフキアエズには四人の息子が生まれる。四人のうち、二番目と三番目の子は別の所へ行って亡くなってしまう。四番目の息子が神武天皇であり、大和の国を征服する人となる。

その神武天皇の流れを汲むのが日本の皇室である。

一方、聖書はというと、ヨセフは、エジプトの祭司の娘をめとり、その間にマナセとエフライムを生む。このエフライムが、日本神話のウガヤフキアエズになっている。

エフライムには四人の息子が生まれる。四人のうち、二番目と三番目の子は早死にしてしまう。四番目の子としてヨシュアが生まれる。ヨシュアはイスラエル民族を率いてカナンの地（イスラエル）を征服する（I歴代誌七章二十節～二十七節）。

このエフライム族の流れを汲んでいるのが、イスラエル十部族の王室である。

このような系図を見れば、ニニギとヤコブの間に、また山幸彦とヨセフの間に、そしてウガヤフキアエズとエフライムとの間に、明確な相似関係が見られる。名称はたくみに変えられているものの、骨子は全くと言っていいほど同じである。

日本の神話は、もともと天皇家がヤコブ——ヨセフ——エフライムの子孫であることを示す系図だった。

名称が変えられているのは八世紀に記紀編纂がなされた過程で、当時の政治体制に合うように様々な神話を習合させた結果ではないだろうか。

それでも、「ニニギ」はヘブル語の「ナ・ナギ」＝「麗しい君」から来ている。山幸彦の別名「ホオリ」も、ヘブル語の「ハアリ」(hari)＝「山々」が語源と見られる。

一方、神武天皇の父ウガヤフキアエズ（鵜草葺不合命）の名は、産屋がきちんと葺《ふ》かれていないときに生まれたととれる。だが彼は別名「ナギサタケ・ウガヤフキアエズ」とも言われている。

「ナギサタケ」は、ヘブル語の「ナギ・シャタク」(nagid shatach)とすれば、「拡大する君」の意味となる。拡大する君＝ウガヤフキアエズが、イスラエルではエフライムになる。エフライムは、「実り多い」の意味、実り多く拡大していく王族である。

日本神話と聖書の系図は、天皇家がイスラエルのエフライム族の子孫だということを示しているようだ。次の家系を見て比較してみるとよくわかる。

偶然の一致でこのような事例を別々の家系で見られることはまずないだろうと話すと幸太郎が合いの手を入れた。

「『偶然ですよ』という人がいるのでしょうか」

敷島が応えた。

「私がこの話をして表を見てもらうと、ほとんどの人は黙っている。不思議やった。聖書を知っている人も、イスラエルの家系を知ってはる人は少ない。それに古事記の家系もほとんどそのへんの知識はもってない。だからかもしれん」

古事記にある系図は長々と書かれてあり興味も関心もない、それがほとんどの日本人であろう、まして聖書のイスラエルの家系には目もくれない。

純子も古事記にある神々の系図には無知であった。まして聖書のイスラエルの家系も知らない。

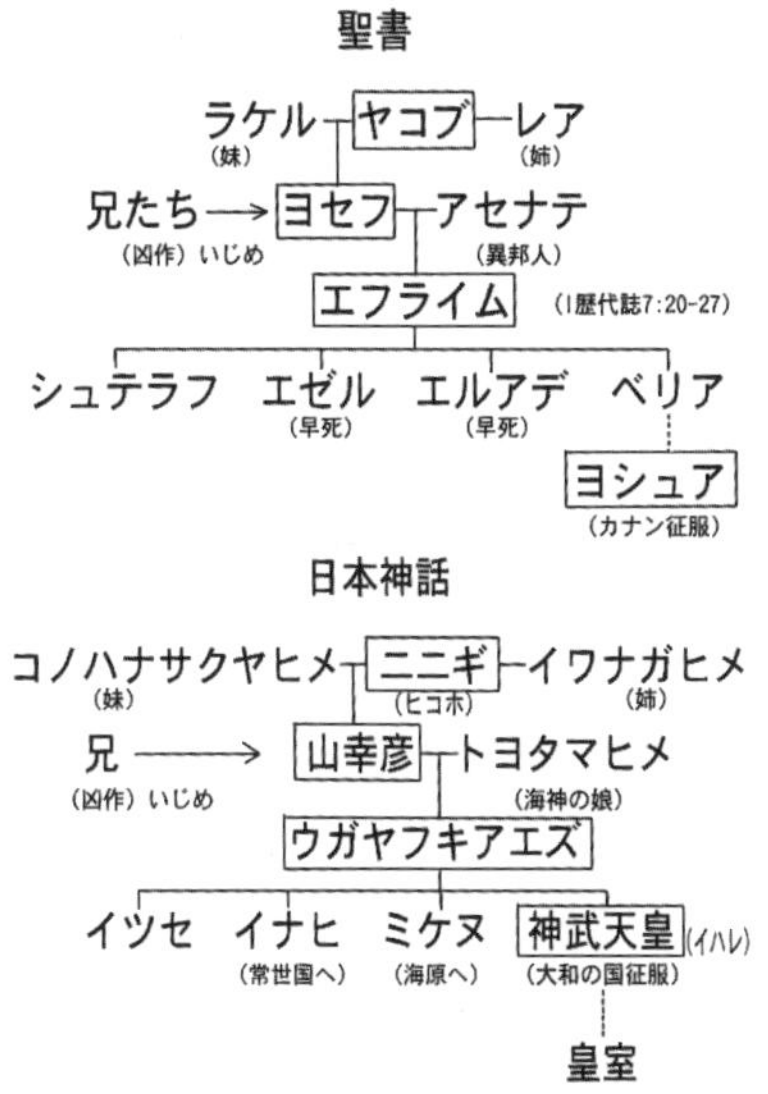

聖書と日本神話の系図

「君江、お茶にしよう。その後でこの前、アマテラスの天岩戸にお隠れになったところの話で省いたところがあったので、今一度おさらいの意味で追加したいことがある。いいかな？　皆さん」

「佐伯さん、天岩戸のところは日本人で知らない人がいないほど古事記ではチョー有名なところやから、ぜひね」

敷島のユーモアが座をなごませた。

君江はコーヒーを配りながら純子に話しかけた。

「純子さん、ご家族は、兄弟はいるの？」

「父母は健在です。兄が一人います。二人兄妹とです」

「どう？　初めて来られて、面食らってません？」

「はい、頭がクラクラです。こんな内容のお話が聞けるとは夢にも思いませんでした。古事記と聖書……とっても面白いです。もっと知りたくなりました」

コーヒーを飲みながらそれぞれの家族のこと、最近の新聞紙上を賑わせているスポーツのことなども話した。とくに敷島と幸太郎、純子の話がラグビーのワールドカップに及ぶと部屋中が熱をおびた。日本代表が四連勝したのは、偶然ではないと大いに盛り上がった。

「私、リーチ選手のファンなんです」純子がうれしそうに言った。

「実はな、二十三歳の時から三十三歳までニュージーランドに三度行ったことがあるんや。何でニュージーランドに行ったのかはさておいて、そこでイエスを信じて、日本に帰ってきて伝道を始めたんや。足掛け三度、かの地の教会で聖書を学んだけど、ラグビーを教会の若者といっしょにプレーしたよ」と敷島が打ち明けた時は、皆が驚いた。佐伯は思わず言った。

「そのラグビーの話聞いたことはありませんでしたよ」

「まねごとですよ。私のような者ははじき飛ばされて、怪我しなかったのは幸運やったけど。あばら骨を折った若者がいたり、鼻血を出しても平気で、楽しくプレーやっていたわ。それほど激しい肉弾戦や。ニュージーランドではラグビーは宗教だというくらいやから。テニスもホッケーも盛んやったけど、ラグビーの時は目の色変えて真剣そのものや。オールブラックスは国民的英雄扱いで、私の親友であったピーター・フランカムはいつもボールを握って走ってた。彼はオールブラックスのメンバーに選ばれるくらいだった。背丈は一メートル七十センチもない人だけど、それはそれはすばしこく足が速くまるでカモシカやった。彼は二十年前に牧師になったよ」

上つ巻 十一、八百万神はヱホバの産み給いしわが民

佐伯は一息入ったところで天岩戸の話を、とくに純子に話しておきたいと思った。

ラグビーは自己犠牲とチームワークにつきるようなスポーツである。トライ一つ目指してボールをもって走る。一人一人が自分の立場を心得て、ことをなしていく。まさにアマテラスが天岩戸にお隠れになった以降の八百万の神々のそれぞれの働きのようだ。聖書と照らし合わせながら敵を避けて突進する。後ろに回った仲間にパスするように、時代を少し戻した。

「ここを以《も》て八百万の神、天之安河原《あめのやすかわら》に神集《かむつど》いに集いて」とあるように、かがり火をたよりに知恵をしぼり話し合った。それでも良い考えが浮かばなかった。

結局、「知恵の神」高御産巣日神（天地初発で成った高天原三神のうちの一柱、以後カタカナ表記にする＝タカミムスヒ）の子、思金神《おもいかねのかみ》に相談することにした。タカミムスヒは先日も学んだけれど、ヘブル語でタカン・ムシュハが訛ったと考えると、意味はメシア（救い主）である仲介者となる。すなわち神の子イエスとなる。

古事記には「知恵の神」がカミムスヒノカミであると記しており、新約聖書第一コリント人への手紙の二章で、「私たちの語るのは、隠された奥義としての神の知恵であって、それは、神が、私たちの栄光のために、世界の始まる前から、あらかじめ定められたものです。」と聖霊なる神を指している。その知恵の神にお伺いを立てると、常世の長鳴鳥を集め、一斉に鳴かせる。常世とは永遠の世界のこと、神の国のことである。ニワトリが鳴くと夜が明ける。太陽が出るサンライズ。日本の国を外国人はライジングサンの国と呼ぶ。まさに、ニワトリの鳴き声は光が輝く希望の声である。

「イエスの弟子ペテロがイエスの眼差しを受けて回心するきっかけは、ニワトリが二度鳴いた後と書かれているところから読み取れる。そのときペテロは激しく泣いた、と記されている。人が罪の暗闇から朝日を浴びる時、自らの罪深さと赦しの喜びで涙する。しばらくすると周りがだんだんと見えてくる新しい世界、すなわちボーンアゲインや」と敷島が続けた。

純子はボーンアゲインという響きに新鮮な光り輝く始まりのような印象を受けた。思金神は知恵の神であった。知恵が欲しい時はいくらでもある。知恵が必要なその時にこそ、思いと意志を兼ねる黄金のように輝く何かがなくてはならないと思う。

イエスとほかにも二人の犯罪人が、死刑にされるために、引かれていった。そして十字架につけられた。イエスは自分を十字架につけ有罪とした者たちのために祈られた。

「父よ。彼らをお赦しください。彼らは、何をしているのか自分でわからないのです。」

アマテラスも須佐之男命の業状（乱暴狼藉、様々な悪行）を責められることはなく、彼の罪を贖《あがな》うために自らを天岩戸にお隠れになられたのと同じである。

敷島は、『誰も教えてくれなかった日本神話』（出雲井晶著）の百七頁を開いて読んだ。

「天照様が須佐之男様を咎めないで天の岩屋に入られたのは、キリストが世のすべての人の罪を負って十字架にかかられたのと同じ深い真理がこめられています。本当の人間とは、を教えてくださるための深い真理が込められています」

「この神道に造詣《ぞうけい》の深い作家のことばは、実に慧眼《けいがん》と言うに値する」と敷島は感心した。

天の安の川の上流にある天の堅岩《かたしわ》（鉄を鍛える石）、天の金山《かなやま》（高天原の鉱山）の鉄《まがね》をとり、伊斯許理度売命《いしこりどめのみこと》に命じて鏡を作らせる。自分の心を鏡に映すように見るという意味が込められている、八咫鏡《やたのかがみ》だ。次に玉祖命《たまのおやのみこと》に命じて八尺勾玉《やさかのまがたま》の五百箇《いおつ》の御須麻流《みすまる》の珠を作らせた。

勾玉だ。天皇の皇位の印である「三種の神器」の二つである。

旧約聖書に記され、契約の箱に納められていた「三種の神器」の内の二つである。モーセがシナイ山で授かった十戒の「石板」と、天から降って民の食べ物となったマナの入った「黄金の壺」の二つであると、敷島が説明を加えて続けた。

堅岩で伊斯許理《いしこり》という名の神が、「鏡」の役目をする石板を作ったのである。罪の贖いのための準備として、モーセの十戒、と食物のマナほど的を射たものはない。マナとはコエンドロの種のようで、白く、その味は蜜を入れたせんべいのようであったと出エジプト記は書く。古事記には五百個の珠とあるが、モーセが壺の中に入れて、子孫のために保存せよという量が一オメルとある。一オメルは一エパ（二十三リットル）の十分の一だから、もしかすれば五百粒くらいかもしれない。

佐伯は天岩戸の佳境に入った。

次に、天児屋命《あめのこやねのみこと》と布刀玉命《ふとだまのみこと》は天の香具山から枝ぶりの良い榊《さかき》の最上枝に八咫鏡をとりつける。天岩戸のすぐ脇に腕力のある天手力男神《あめのたぢからおのかみ》が隠れて立ち、戸が緩むのを待つ。そこで天宇《あめのう》受売命《づめのみこと》が天の香具山の日陰蔓《ひかげかずら》を襷《たすき》にかけ、逆さまにした桶を踏み鳴らし、とどろかせながら踊った。胸をはだけて乳もあらわにし、裳のひもはたらしてホト（陰部）は隠して踊った。宇受売の踊りのおかしさ（恥をもいとわない全身全霊明け渡す模様）に八百万の神々は天地が今までにないくらいに揺れ動きどっと笑った。笑うという表現には二通りあり、楽しさのあまりの笑いと、これからの希望を胸に抱くときの笑いだ。「八百万の神、共に咲《わら》いき」と原文にあるが、暗い出来事の折には、次に来る春をまち望むようにと花が咲く意味を込めたならこれほど的を射た表現はないだろう。アマテラスが岩屋の戸を少し開けたのは天地が蘇りのいのちを察知したからだ。天手力男神が戸を引き開ける。すかさずアマテラスの手をとって、岩戸の外へ連れ出した。すると真紅の日はのぼり、天上も地上もまばゆいばかりに日は輝き渡った。

敷島が今度は、聖書から説明する。

十字架上でのイエスの死を聖書では、イエスは木にかけられたとある。古事記は榊を賢木と書いたり、真賢木《まさかき》、常盤木《ときわぎ》、栄え木（栄える木）と表し、十字架の木の本意を記す。その木に鏡をかける。自分の罪の代価を払うイエスに自分を映す。イエスの身代わりの中に自分を見る。私それこそ真賢木の鏡、私のために十字架にかけられたイエスこそ天岩戸の核心なのである。私たちはイエスの叫びをわが身の代わりとして鏡に映すように、イエスと自分を一つにするわけである。

「わが神、わが神。どうしてわたしをお見捨てになったのですか。」

この叫びこそ、私が叫ばなければならなかった。イエスが身代わりになってくださった叫びなのだ。古事記はそれを八百万の神々が天宇受売命の踊りである祭りの最中に天地も踊り狂う様として記したが、聖書は次のようなことが起こったと記す。

「見よ。神殿の幕が上から下まで真っ二つに裂けた。そして、地が揺れ動き、岩が裂けた。」

イエスがよみがえった時の記述である。

「すると、大きな地震が起こった。それは、主の使いが天から降りて来て、石をわきへ転がして、その上にすわったからである。」

古事記はアマテラスのよみがえりをまぶしいばかりの日が輝いたと書き記す。イエスの弟子マタイは、

「その顔は、稲妻のように輝き、その衣は雪のように白かった。」と記す。

佐伯が八百万神のおさらいをする。

神道《しんとう》では多くの神々の総称である八百万は、数を表すものではない。文献上の初出は『古事記』上巻の「天岩戸」の段にある「八百万神、天《あめ》の安《やす》の河原に神集《かむつど》ひ集ひて」である。同様の総称として八十《やそ》諸神《もろがみたち》、八十万神、八十万群神《もろがみ》などが『日本書紀』や『万葉集』などにも見える。いずれも「八」は多数を意味し、本居宣長《もとおりのりなが》は『古事記伝』で「八百万は、数の多き至極を

云《いへ》り」と述べている。

「ヘブル語から解すれば、『ヤオ』はエホバの御神名の一つ（יה）である。『ヨラド』は（ילד）『産む』である。ゆえに『八百万神』はその実エホバ（真神）の産み給いし、わが民（人民）を意味し、これを日本が八百万神を祭る多神国と解したのは、仏教哲理の汎神論に禍《わざわい》とせられ、偶像国のように偽装せられた。」

と日本が多神教信仰に染まった理由を川守田英二氏の説明から引用した（『日本ヘブル詩歌の研究』下巻三百十五頁）。

佐伯は本居宣長と古事記を参考にした。

一方、三重県松阪出身の本居宣長の神概念をもう少し詳しく見てみると、『古事記伝』では「さて凡て迦微《かみ》とは、古《いにしえのみ》御典等《ふみども》に見えたる天地の諸《もろもろ》の神たちを始めて、其を祀れる社に坐す御霊《みたま》をも申し、又人はさらにも云はず、鳥獣木草のたぐひ海山など、其余《そのほか》何にまれ、尋常《よのつね》ならずすぐれたる徳のありて、可畏《かしこ》き物を迦微とは云ふなり。」

と書く。迦微と神を同一視する懸念もあるし、違うという意見もいる。

「古事記の神は、良きも悪しきも動物も自然も神となるとしながらも、結局は論じ難きものだと念を押している。ということは、古事記は非常に寛容であり、柔和であり、知恵深い書である。とてもすばらしい」敷島は佐伯の引用に追加した。

続けて、大東亜戦争時には天皇を神と呼んだり、また明治以降、神と崇められてはいたが、戦後「人間宣言」をされた。しかし、神道関係者の間では、礼拝すべき神と人間を神と呼ぶ違いははっきりと区別していた。これは本居宣長が言っているとおりである。それに聖書の神、創造主なる神、礼拝すべき神を信じているヘブル人もまた、詩篇の八十二篇六節において、「おまえたちは神々だ。お前たちはみな、いと高き方の子らだ。」と語っている。モーセも神と呼ばれていたとある。主なる神もモーセに向かって仰せられている。「見よ。わたしはあなたをパロに対して神とし、あなたの兄アロンはあなたの預言者となる。」

古代のイスラエルでは指導者や強力な人を「神」と呼ぶ習わしがあった。人を神と呼ぶときの神を「エロヒム」と言い、礼拝すべき神との区別をしていた。

敷島は人前で話す機会が多いこともあって標準語のつもりで話をした。しかし心ゆるす時は、関西弁になった。

「つまりやな、天皇や秀でた指導者、偉大な人などを神と呼ぶ日本の神概念のルーツは、古代イスラエルにあったということや」

「純子さん、私も古事記に詳しくないから夫に教えてもらいながら日本の原点を学んでいるのよ。私たちキリスト者はクリスチャンと呼ばれるけれど、日本をもっと知るべきだと思うわ。だから敷島さんにアドヴァイザーになってもらってるの。敷島さんは聖書にも古事記にも精通しているからよ」

君江が純子に話しかけたのは、慣れない場所で緊張しているかもしれないと思ったからだった。

「ちょっと先に生まれたのでそれだけや」と頭に手をやった。

「古事記が日本の最古の本であることは知っています。イザナギ、イザナミの名を聞いたことがあります。それにアマテラスの岩戸の話もよくわかります。私は本が好きで、聖書ももっていますが、パラパラと読んだ程度です。でも今は聖書をもっと知りたいと思います。日本とイスラエルの関わり方に、私たちのルーツを感じてわくわくします。日本人はどこから来たのか、すごく興味があります」

この人たちは私の抱くクリスチャンのイメージとはずいぶん違うと純子は感じた。もしかしたら、新たな思いで聖書を読むことができるかもしれないと思った。

敷島の話すイエスの十字架の死とは、自分の身代わりで罪の贖いがなされたことだと聞いた。私の心も私の思いも、ひと様にも神さまにも恥ずかしいと思うことが多い。そんなことくらいわかっている。それならどうしたらいいのか、と心の中で考えていた。

あのコーヒーショップで一人コーヒーを飲んでいた時、自分をかばって助けてくれた幸太郎のとっさの行動を思い出した。同時に、古事記のアマテラスの天岩戸に隠れられたのが須佐之男命の罪の償いのためと、日本神話が意味することを以前どこかで聞いた覚えもある。イエス・キリストが救い主であるという輪郭が見えてきたような気がした。今の私がここにいられるのは、命懸けで助けてくれた幸太郎のおかげだ。そんなふうに行動できる幸太郎の内にあるものに気づいた時、純子は思い切って口を開いた。

「私も皆さんの信じているイエスを信じてみたいです。どうすればいいでしょうか」

佐伯も君江も敷島も、純子の突然の言葉に驚いた。幸太郎はと言えば、びっくりした様子で純子を見ていた。

敷島は、古事記でいう思金神の「智恵の神」の霊が今まさに生きて働いているのを感じた。

「難しいことではありません。イエスを心で信じて義と認められ、口で告白して救われるのです。私の後にオウム返しでいいですから祈ってみませんか？」

「はい」敷島の言葉に純子は素直に答えた。

純子もこんな素直な気持ちになる自分が不思議だった。

「私は罪びとです。私の罪のためにイエスが十字架にかかられ、死なれたこと、そして蘇られたことを信じます。アーメン」

敷島の祈りに続いて純子も祈った。あまりにも短い祈りだった。

だが純子の目から涙がこぼれた。

「こんな祈りが言葉では言いつくせない心もちにさせるなんて、この喜びは、どこから来るのでしょう」心の中で純子は思っていた。

幸太郎は、純子の祈りを聞きながら、七年前に教会で信仰告白をした時のことを思い出していた。

その日の夕刻はそれ以上の集いを続けなかった。五人は二週間後の土曜日を約束した。


ある日、加地が幸太郎を誘った。

「今晩、つき合えよ」

「何用なんだ」

幸太郎の問いに応えず、加地は社の近くにある落ち着いた雰囲気をもつ喫茶店の名を告げた。

十一月の夜は昼間とは違って気温が下がる。夕方に降った雨のせいか、ネオンがいつもよりきれいに見えた。通りは会社帰りのサラリーマンで一杯だ。働き方改革の影響で、早めに退社する人が多く、巷ではフラリーマンと言って、まっすぐ家に帰らない人もいるようだ。「古事記のことならこの前話したよな、何の話だろう……」幸太郎はあれこれと思い巡らせていた。

加地はコーヒーを一口飲んで切り出した。

「俺、辞めようかと思う」

「何かあったのか？」

同期入社した加地は一目置かれている努力家である。上司にも評判はいい。

加地は顔をしかめて一言、

「辛いんだよ」と言った。

「もう六年になるよな。よく話しかけてくれる君とはこれからも長くつき合えると思っていた……」

加地の口から発せられた「辛い」は、幸太郎にとっては多くの仕事人間が行き着く淵《ふち》の入り口のように見えた。両親は健在であり、期待に応えようと大学時代の頑張り、両親への思いやり、会社での勤勉さをよく知っている。上昇志向の模範のような彼の一途な性格は周りもよく知っている。無理して優等生であろうとしているふうに見えた。彼を前にしてそんなことを口に出して言えるものではない。会社も上司も、親でさえも、彼から奪い取るだけの存在であったかもしれない。

「辞めてどうするんだ」

「考えてない。相談する人もいないし、母には尚更言えない。だからおまえに聞いてもらいたいと思って」

「そうか、話してくれてうれしいよ。六年間ずーっと、仕事ばかりだろう。成績もいいしね。

だけどぼくから見たら、楽しそうには見えなかったな。こうでなくちゃという枠をもっているように見えた」

加地は幸太郎が真剣に自分の悩みを聞いてくれて、共に悩んでくれる友人だと思っていた。だから話す気にもなった。

幸太郎は話を変えた。

「加地、何か趣味をもっているのか」

「特にないな。なにもない」

「ぼくは柔道だ。汗を流した後のすがすがしさはいいぞ」

幸太郎は心が求めているものについて書かれた一冊の本を思いだした。幼い子が膝を擦りむいた。母のところに泣いてきた。母は抱きしめないで薬局に包帯を買いに走った。そして子に言った。「もう痛くないよ」と。子は傷口を手当てされるのでなくて、抱きしめてほしいのだ。安心感を求めている。たしかそんな内容だった。

幸太郎は思い切って声をかけた。

「お前、六年間仕事一辺倒でそれなりの成績を収めてきたよな。でも満足感がない。楽しんでもいない。自分はこうあらねばならないと自分を追いつめているように見えるよ。自分に無理して頑張るのは、もうやめよう」

加地は心の重荷をこの鈴木ならいっしょに負ってくれるかも、とふとそんな気がした。

「俺、お前が時折話してくれるイエスという人物のこと、少し知りたい気になってきた。お前を見ていると、教会に行ってみるのもありかなと」

「仕事辞めるかどうかはその次だ」

喫茶店を出る時、街の明かりが二人の肩にあった。


それから何日かして、純子から会いたいとメールが来た。

純子は川辺りの公園で待っていた。

晩秋の寂しさが公園に広がっていた。役目を終えた落ち葉が、川面に舞い落ちて集まり流れていく。「あー、ぼくも日本人だ」と幸太郎は少し感傷的な気分になった。

「幸太郎さん、私はイエスを信じました。これは私の人生の中で、とっても大切なことだって思うの。これを両親にも話した方がいいんでしょうか」

純子の話に幸太郎は、自分が家族に話した時のことを思い出した。父も母もあっさりと認めてくれ拍子抜けしたように感じた。誰でも親に話す時は悩むものだ。純子の悩みも同じなのだろう。

「そうだな、君の家族がどういう人たちか知らないからな。ぼくも親に話すのは勇気がいったよ。幸いぼくの親は宗教に寛容だったから助かったけどね。今は親もぼくの信仰を認めてくれてる。そうだ、今度の土曜日に、敷島さんや佐伯さんに聞いてみれば」

上つ巻 十二、イエス・キリストの加護を授かる大嘗《だいじょうさい》祭の御衾《おふすま》の儀式

晩秋の黄昏《たそがれ》が寂しい。佐伯はいつものように話し始めた。五月に元号が令和となり、十月に即位を公に宣明される「即位の礼」、外国の元首や祝賀使節が参列する晩餐会、そして十一月の祝賀御列の儀（パレード）、とつづき、大嘗祭が行われる。天皇の立ち位置と儀式の真意を聖書から紐解こう。

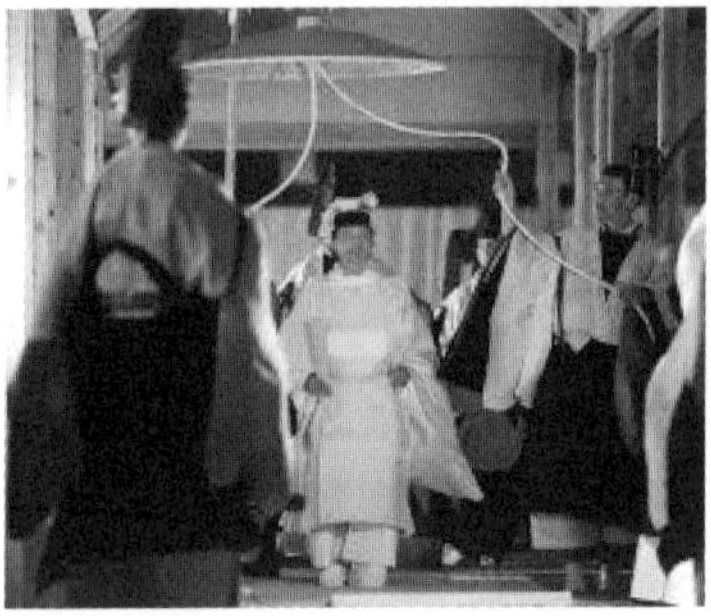

即位の礼

二〇一九年五月、新天皇が即位、元号も令和となった。その即位の年の秋、収穫祭である新嘗祭《にいなめさい》が「大嘗祭」である。令和元年、十一月十四日、満月の十五日である。仮に建てられる仮庵の中で、収穫したものを神さまの前で天皇自らも食される。大嘗祭は天皇が神になられると誤解している節があるが、実はそうではない。神道的意味は、天皇が民の指導者として神様から任命を受ける儀式である。

大嘗祭の中心は、新天皇が神様の前で食事をするだけではない。「御衾《おふすま》」の儀式がある。御衾とは、「寝る時体にかける布」「かけぶとん」のことで、新天皇がそれにくるまり、殿内に敷かれた神座で、夜おひとりで神の前に横たわる。これを誰も見た者はいない。写真もない。しかし宮内庁は、

「寝座は神（アマテラス）がお休みになる場所です。寝具はありません。陛下がそこに入ることはありません」という。

天皇がその寝座に入ることはなく、神さまがそこに降りてこられて、お休みになるための場所だという。それが事実とすれば、寝座は神さまの場所ということになる。その場合の神さまとは、アマテラスを指している。天皇はアマテラスと一対一で向き合い、日本を治める智恵と権威を授かるのである。

それは神秘に満ちた儀式である。もともと天孫降臨の神話から来ている。かつて高天原（天上界）において、アマテラスとタカミムスヒがニニギに向かい「天から降りて葦原中国《あしはらなかつくに》（日本列島）を治めなさい」と命じた際、タカミムスヒは、「真床追衾《まとこふすま》」と呼ばれる「布」である「かけぶとん」にニニギを包み、地上へ降臨させた。大嘗祭の時の「御衾《おふすま》」は、この真床追衾を表すものとみられている。タカミムスヒに真床追衾を着せられたこのニニギの子孫が、天皇

家なのである。

その天孫降臨と同様、大嘗祭では「御衾」に包まれ神の前にしばらく横たわり、また起き上がることで、日本を治める新天皇が誕生する。

蘇りの象徴的意味合いを、敷島をはじめ君江も幸太郎も十分把握している。そこに純子が加わっていた。

ラグビーのワールドカップの選手のように佐伯からボールを受けて、敷島は語った。

先に見たように、ニニギを「布」（かけぶとん）で包んだタカミムスヒとは、イエス・キリストを表す。アマテラス信仰もまた、タカミムスヒ＝キリストへの信仰に至る接点ではないだろうか。つまり大嘗祭の御衾の儀式は本来、新天皇がイエス・キリストの加護を授かるという儀式ということになる。

かつてイエス・キリストは岩戸の墓において「きれいな亜麻布に包まれて」とあるのは、アマテラスが真床追衾に包まれ横たえられるとの表現である。その墓からの復活で、新しい時代が始まった。同様に天皇もまた、御衾という布に身を包み神の前に一人横たわる。そののちに起き上がり出てこられるこの儀式は、皇太子として死に、天皇として復活することにほかならない。こうして新天皇は誕生し新時代が始まる。これはキリストの死と復活の象徴である。

つまり御衾の本義は天皇がキリストの死と復活を身に帯び、連なり、新しくされることの保証として、大嘗祭という儀式に結実されている。これが日本国の原点である。

それと仮庵の祭りというものがイスラエルにはある。イスラエルの民がエジプト脱出後の荒野での旅の途中、定まった住居というものがなかった。聖書に記されているこの祭りは仮の家にしか住めなかった苦しい先祖の歩みを忘れないための祭りである。神のひとり子キリストは神であられるにもかかわらず、人間の体という仮庵、仮の体に宿られた。イエスはこれを、「人の子は……」と何度も自分のこととして語られた。

天皇が神様の前で食事をするという儀式も、イスラエルのモーセと長老たちが神さまの前で食事をするというところから発している。

「それからモーセとアロン、ナダブとアビフ、それにイスラエルの長老七十人は上って行った。そうして、彼らはイスラエルの神を仰ぎ見た。御足の下にはサファイヤを敷いたようなものがあり、透き通っていて青空のようであった。神はイスラエル人の指導者たちに手を下されなかったので、彼らは神を見、しかも飲み食いをした。」（出エジプト記二十四章九節〜十一節）

このように神さまの前で食することにより、彼らはイスラエルの指導者となることができた。この直後、モーセにより十戒の石の板がイスラエルの民全体に与えられて、神の民となった。

敷島は他の箇所をも引用した。

「アロンは、モーセのしゅうとともに神の前で食事をするために、イスラエルのすべての長老たちといっしょにやって来た。翌日、モーセは民をさばくためにさばきの座に着いた。民は朝から夕方まで、モーセのところに立っていた。」（出エジプト記十八章十二節、十三節）

指導者となるための証が、神の前での食事である。それがイスラエルの慣習である。

ここで佐伯が異なった食事の場合を警告した。

黄泉の国に行ったイザナミにイザナギが後を追って再会した。

「妻よ。一緒に作る国はまだ完成していない。帰ろう」

するとイザナミが言った。

「私は黄泉の国のかまどで炊いたもの食べてしまった。もう帰ることができません。何とかして帰りたいですが、黄泉の国の神々と相談してきますのでその間、私を見ないでください」と願った。

しかしイザナギは見てしまう。日本神話の「黄泉戸喫為《よもつへぐいし》」である（六十三頁参照）。食べてはならないものがある。旧約聖書は言う。神は人類最初の男に、「善悪の知識の木からは取って食べてはならない。それを取って食べるとき、あなたは必ず死ぬ。」（創世記二章十七節）。同章の二十二節にあるが、男のあばら骨から作られた女は取って食べてはならない木の実を食べてしまった。女はいっしょにいた夫に与えたので夫も食べた、とある。そのために夫婦間にトラブルがおこり、土地はのろわれ、糧《かて》を得るために労苦し、土から取られたのだから土に帰るのだと、神は言われた。エバの罪による穢れはイザナミの穢れと共通している。

食べてはならないものを食べたのだが、その贖罪《しょくざい》のため、黄泉から帰ったイザナギは禊をするのである。神である主は贖罪の意味を含む動物の皮の衣を作られアダムとその妻に着せられた。

食べ物で失敗した記録がある。お腹がすいたために……エサウは、「見てくれ。死にそうなのだ。長子の権利など、今の私に何になろう」と言った。ヤコブはエサウにパンとレンズ豆の煮物を与えたので、エサウは食べたり、飲んだりして、立ち去った。こうしてエサウは長子の権利を軽蔑した（創世記二十五章三十二～三十四節）。

「思い出したわ。イエス様も次のように言われている」

「見よ。わたしは、戸の外に立ってたたく。誰でも、わたしの声を聞いて戸をあけるなら、わたしは、彼のところに入って、彼とともに食事をし、彼もわたしとともに食事をする。」

君江の言葉が純子には身近なものに感じられた。心が通じ合う人たちとの食事の楽しさは、特別であり、今集まっている人々との会話の楽しさに通じるものがあった。

佐伯は大嘗祭には注目すべきものがまだまだあると言う。

天皇も仮の庵の中にこもって儀式をなさる時、裸足で衣に身を包まれるが、その衣の白さは目を見張るばかりだ。

「敷島さん。イスラエルの祭司たちも同じ白い衣服に身を包むのですよね」

敷島は次のようにつけ足した。

ダビデは白亜麻布の衣を身にまとっていた。箱をかつぐすべてのレビ人、荷物係長ケナヌヤ、歌うたいたちも、同様であった。（I歴代誌十五章二十七節）とあるように、白い亜麻布である。

モーセが十戒を与えられたシナイ山に上った時、

「あなたの足のくつを脱げ。あなたの立っている場所は、聖なる地である。」（出エジプト記三章五節）と言われ裸足になった。

モーセの後継者であるヨシュアもカナンの地に入っていく時、一人の人が抜き身の剣を手にもって立っていた。その人は神の使いであったが、ヨシュアに言った。

「わたしは主の軍の将として、今、来たのだ。」

するとヨシュアは顔を地につけて伏し拝み、彼に言った。

「わが主は、何をしもべに告げられるのですか。」

主の軍の将はヨシュアに言った。

「あなたの足のはきものを脱げ。あなたの立っている場所は聖なるところである。」

ヨシュアはそのようにした、と記されている。

大嘗祭の時、天皇が裸足になるのはその場所が聖なるところだからである。実はこのことも古代イスラエル的だ。

「裸足になること、白装束に何か意味があるのでしょうか」

「あるんだな、それが……」純子の質問に敷島は聖書の知識を垣間見せた。

「白は神さまの色なんや。ダビデが罪の告白をした時、祈りが黒い罪を白くする」

「ヒソプをもって私の罪を除いてきよめてください。そうすれば、私はきよくなりましょう。私を洗ってください。そうすれば、私は雪よりも白くなりましょう。」（詩篇五十一篇七節）

「いつもあなたは白い着物を着、頭には油を絶やしてはならない。」（伝道者の書九章八節）

「わたしはあなたに忠告する。豊かな者となるために、火で精錬された金をわたしから買いなさい。また、あなたの裸の恥を現さないために着る白い衣を買いなさい。また、目が見えるようになるため、目に塗る目薬を買いなさい。」（ヨハネの黙示録三章十八節）

幻を見たヨハネも天国の衣は白いと、その情景を次のように記している。

「そこで、私は、『主よ。あなたこそ、ご存じです』と言った。すると、彼は私にこう言った。『彼らは、大きな患難から抜け出て来た者たちで、その衣を小羊の血で洗って、白くしたのです。』」（ヨハネの黙示録七章十四節）

「その後、私は見た。見よ。あらゆる国民、部族、民族、国語のうちから、だれにも数えきれぬほどの大ぜいの群衆が、白い衣を着、しゅろの枝を手に持って、御座と小羊との前に立っていた。」（ヨハネの黙示録七章九節）

「天にある軍勢はまっ白な、きよい麻布を着て、白い馬に乗って彼につき従った。」（ヨハネの黙示録十九章十四節）

白い衣が神の子の着る衣であることと、天皇の白い衣が古代イスラエルの祭司の服装と全く同じという説明に入る。

イスラエルには十二部族がいて、その中にレビ族がいる。祭司職はレビ族が担当していた。そのレビ族は、大嘗祭のとき天皇が着ているような白装束で全身を包む。そのことから何を汲み取ることができるだろうか。

敷島の話に続けて佐伯が解説する。

頭には帽子をかぶり、体の前から後ろにかけて長方形の布をかぶり腰のところは紐で結ばれていた。この長方形の布は、神道の神官や天皇も身につけている。古代イスラエルでは「エポデ」と呼ばれるもので、神官のしるしだった。また神官も大嘗祭の天皇も袖の両端に房を垂らしている。糸の束なんだが、この房は古代イスラエル人レビ族ならばつけるものであった。

大嘗祭の時に着る白い服、麁服《あらたえ》は麻で、亜麻布（リネン）も麻の一種。イスラエルの祭司の衣装も亜麻布が用いられたと出エジプト記にある。ダビデ王も白亜麻布の衣を身にまとっていた。

麁服は、基本的に、古代イスラエルの祭司の服装と同じだったことがわかる。麻のような風《ふう》合《あい》ということばがあるように、麻は風通し良く夏でも涼しい。古代イスラエルでも祭司は汗などかいてはいけないので、麻の一種の亜麻布を使った。汗だくの祭司など、とんでもないことなのだ。

それから天皇は、水で全身の禊《みそぎ》をしたのちに、白い衣装を着て神さまの前に出て行かれる。沐浴は、神社の神官なども儀式の前には必ず行われる。神さまの前に出る時には、水を浴びて身を清めなければならない。これは古代イスラエルの伝統と全く同じ。幕屋や神殿で儀式に携《たずさ》わる祭司たちも、儀式の前には必ず沐浴をした。水で全身を清めた。

エルサレムには今でも古代から使われていた沐浴のための池がある。天皇の沐浴も、イスラエルの伝統と全く同じである。

昼過ぎに訪ねてからあっという間に時間が過ぎた。窓から差し込む秋の木《こ》漏《も》れ日《び》も美しい。

「これも神様の作品かしら」純子は感動を覚えた。

上つ巻 十三、日本国家のはじまりは大きく和する「大和」

相撲の話題に移ろう。

古事記には相撲の原点がある。相撲のような競技は世界中にある。モンゴルにもあることは、日本にかの地からやって来た力士がいることでよく知られている。古事記にある相撲の原点を見ていく前に、幸太郎が柔道をやっていると聞き、「相撲は好きなんか？」

ひとつの話題から他の話題に移ると途端に興ざめをしてしまう多くの人が、それまでの態度を豹変させることがある。つきあい程度にふんふんと相槌をうたれる苦い経験を何度となく経てきた敷島には、ついこの癖がついてしまった問いかけである。

「いやー、見るのはニュースで見るくらいで、実況放送などは時間的に見ることができないし……、でも裸でぶつかるあの勢いには魅力があります。ぼくも礼で始まり礼で終わる柔道の礼儀は心ひかれていますから、相撲の礼儀にも日本文化の原点があると思います」

「そこ、そこだよ！　創世記にヤコブが天使と相撲を取った記事があるのを知っているね」と敷島がまるで幸太郎の話を待っていたように言った。

佐伯はヤコブからイスラエルへの改名の解説を、家の教会で聞いたのを思い出した。

「敷島さん、ヤコブからイスラエルへの改名話を鈴木君にも聞かせてくださいよ」

「そうだわ、私も憶えているわ。心に残ったお話だったもの。純子さん、相撲はお好き？」

「ぜひ、お願いします」


ヤコブが相撲を取ったと言うが、日本語の聖書では格闘と表現し、英語ではwrestle（レスリング）となっている。やはり相撲なんや。その相撲を取らねばならなかったいきさつは省《はぶ》くことにして、話の核心だけね。ある人が夜明けまでヤコブと格闘した。格闘の相手を天使という人もいるが、聖書にはある人としか書かれていない。数行後にその人のことばとして、「あなたの名は、もうヤコブとは呼ばれない。イスラエルだ。あなたは神と戦い、人と戦って勝ったからだ。」とある。そこからして、その人はイエスではないかと思う。間違っていないと思うよ。その理由はあえて飛ばして次に進むけど、いいね？


幸太郎も敷島のこういうところが好きだ。説教くさくないのだ。幸太郎は宣教師の押しつけがましい口調には違和感を覚えていた。

「……西洋人だからなのか、教えてやる、そんなふうにぼくには見える。英語という言葉のせいかもしれない……」

敷島はそんな幸太郎の心を知る由もなく続ける。

「彼が神と争い勝った後の仕草だけを今日は話そう。神、いや相撲の相手は天使かもしれんが、勝てないのを見てヤコブのものつがいに触れた。するとヤコブはそれ以後足を引きずって歩かなくてはならなくなった。杖が必要になったわけや。ある聖書注解書には、その杖がイエスであると解説していた。そうかもしれへん。私も精神的試練や苦しい体験のあと、心に杖のようなもの、そう、杖を手放せなくなったからね。意識的にイエスにすがりながら歩くようになったのだから、その解説にひどく助けられたもんや」

「敷島さん、その話聞かせてもらえませんか。人生の節目で乗り越えられた話を聞きたいです」

幸太郎はこれからの人生で遭遇するかもしれない試練のために、信仰の大先輩でもある敷島の体験を聞きたいと思った。

「またの機会にな」、と敷島は笑みを浮かべただけで次に進んだ。

格闘の時ヤコブに勝てないのを見てとって、その人はヤコブのものつがいを打った。するとヤコブのものつがいがはずれた。興味深いのはここでその人は、名を聞いている。

「あなたの名は何というのか」

「ヤコブです」

神の子なら格闘の相手を当然知っているはずである。あえて名を聞いたのはヤコブ自身にその名の由来を自覚させるためであったんだろうな。ヤコブとは押しのけるの意味だった。しかしもうヤコブではない、これからはイスラエルだ。神と戦い人と戦って勝ったが、歩く時に足を引きずるとは謙遜の意味である。相撲の勝者も敗者も共にもつべき心のあり方である。人生の勝利者たる者の人格形成は謙遜であると、ヤコブの戦った相手が証した。

「あなたの名は、もうヤコブとは呼ばれない。イスラエルだ。あなたは神と戦い、人と戦って勝ったからだ」


勝負の後の礼儀についてだが、と敷島が続けた。

「何年か前のことだが、白鵬《はくほう》がだめ押しの取り口をして、話題になったことがあった。また横綱であるにもかかわらず勝った瞬間にガッツポーズをしたこともあった。そんなに昔の話ではない。

敗者が勝者の差し伸べる手に依り頼んで立ち上がる姿は、神の心を喜ばせる。敗者が力を尽くした後に勝者の差し出す手を握って体を起こしてもらう心の広さ、この敗者の心が謙遜なんや。口惜しさではない。強いて身を低くして相手の勝ちを素直に認める、これこそ負けるが勝ちや。勝者と敗者が助け助けられる姿にこそ土俵の美しさがあるんや。最近の相撲にはその美しさが欠けている。相撲道も地に落ちてしもうた。どう思う？　あのガッツポーズ。見苦しいとは思わないか？」

みんなが顔を見合わせた。幸太郎は思わずうなずき、純子を見て言った「ノーサイド」

ここで古事記にある相撲の起源とされるものを見てみようか、と佐伯が続けた。

大国主命の代わりに息子の建御名方神《たけみなかたのかみ》が、高天原から遣わされた建御雷神《たけみかづちのかみ》と「力くらべ（相撲）」によって国を譲るかどうかを決めることになった。建御名方神は千人がかりで引くほどの大きな岩を指先でもてあそびながら「我が国にやって来たお前は何者だ」と訊いた。力くらべをしようじゃないかと相撲を取った。建御名方神が建御雷神の手をつかもうとすると、その手は氷の柱になったり、刀になったりした。

今度は反対に建御雷神が建御名方神の手をつかむと手を握りつぶして放り投げてしまった。恐れをなした息子の建御名方神は退いてしまう。ここは高天原のアマテラスとタカミムスヒの命によって、葦原中国《あしはらのなかつくに》は、我らの知らす（治める）国である、いかがと迫った故からの戦いである状況を記している。国譲りに繋がる物語である。

神に自己中心の心を明け渡す戦いとして見るならば、合点《がてん》がいく。大国主は、八重言代主神《やえことしろぬしのかみ》にお伺いしなければならないと返答した。

八重言代主神は、ヘブル語で解するとヤーエ（神）の言に聞くということである。これは神に自分を明け渡すこと、神の「ことば」にすがることである。しかし途端にその人の心は氷のように冷たく硬くなる。その瞬間、刀の刃（ことば）に突き通されて降参する。ヤコブが自分を支えている腰に力が入らなくなったのを、建御雷神が神の光で人の手を握りつぶしてしまうと言い表したのだろう。

これはヤコブの押しのける者の性質が神の似姿にあずかる新生を意味する。神話が伝えようとしているのは、なんと、人の生まれながらの罪の性質からの脱出である。すなわち神のみこころ、聖なる性質、聖なる者とされる生き方の実に巧みな言い回しの表現である。

八重言代主は、「わかりました。この国は天つ神の御子に奉りましょう」

と言って大国主の国譲りに賛成する。

高天原からアマテラスのみこころを成すために訪れた高天原の神々（古代の人々）以前に、出雲の地にすでに住んでいた人たちもいた。その人たちは遠くへ放り投げられてしまう。その地が今の長野県諏訪の地である。建御雷神はそこまでも追いかけて行って殺そうとする。その時建御名方神は、

「どうか殺さないでください。今後この地から他には行きません」

と頭を下げた。大国主も答えている。

「わたしも背きません。命令に従って葦原中国は差し上げます」

天つ神の御子が天津日継《あまつひつぎ》皇位を受ける時のために、出雲の国の海岸近くに立派な宮殿（出雲大社）を建てた。

佐伯は「聖書と日本フォーラム」が主催した大会、出雲に行った時のことを思い出した。二〇〇四年の十月だった。その四年前の平成十二年に大社から直径一・四メートルの巨大な宇豆《うず》柱《ばしら》が三本束ねられたものが発掘された。それから見て神殿の高さは四十八メートルもあったという。奈良の大仏殿よりも高い。古代の本殿はさらに高く、九十六メートルの高層本殿だという。平安貴族の『口遊《くちずさみ》』では「雲太《うんた》・和二《わに》・京三《きょうさん》」と歌われている。高さは出雲大社、東大寺、大極殿の順である。これは出雲大社宮司「千家」の古い時代に書かれた平面設計図「金輪御造営差図」にもある。一方本居宣長の著書には、上古九十六メール、中古四十八メールとある。現在の社殿造営は一七四四年（延享元年）、三度目であり二十四メール也となっている。平安時代には少なくとも、四十八メール。鎌倉の世でも二十四メートルの本殿が建っていたことになる。ただの伝承だという人たちもいるが、佐伯は自分の意見をあえて述べた。

「古代の人たちの仕事を過小評価するきらいもあるが、それは現代人のおごりというものである」

敷島は古事記にもある力くらべの相撲から、ヤコブそしてイスラエル民族を経ての日本渡来説に焦点を当てて話し出した。それは、出雲における北イスラエルの国譲りについての考察であった。旧約聖書のヨシュア記二十二章十節を引用しながら語った。

「ルベン族、ガド族、マナセの半部族は、カナンの地にあるヨルダン川のほとりの地に来たとき、そこ、ヨルダン川のそばに一つの祭壇を築いた。それは、大きくて、遠くから見える祭壇であった」

日本建国以前イスラエル十部族の人々の出雲渡来を空想話として切り捨てるのは早計である。天照を筆頭に記す古事記の天つ神が南イスラエルのユダ部族（BC五八六年バビロンによって滅亡）として渡来する。それ以前エフライム族を長とする北イスラエル（BC七二二年アッシリヤによって滅亡）の渡来が出雲、つまり国つ神系である。するとルベン、ガド、マナセ半部族の人々が日本海をヨルダン川と見做し、国の威信をかけて建造した高層神殿こそがその信仰表明である。ならば古事記と聖書の接点が見えてくる。

一つはヨルダンの東側、即ちシルクロードの出発地点。もう一つの神殿はシルクロードの到達点としての日本海の東側、出雲がその時の日本建国の入り口となったという黎明《れいめい》期日本の壮大な大パノラマである。

事実、国譲りの条件として出雲系の人たち、言いかえれば北イスラエルの人々は、自分たちの信仰を守り抜くために島根県出雲から長野県諏訪に投げ落とされたことになる。これこそ古事記の裏付けとして、祭りのなかに自らの信仰を表し伝承され今に至っている。その継承が証明であり、それが四月十五日の「御頭祭《おんとうさい》」である。

須佐之男命から六代目、大国主神が国譲りをした。須佐之男命はアマテラスの弟であるから、始祖は同じである。天つ神と国つ神は親戚なのである。血が繋がっている。

ということは、出雲の国つ神系が北イスラエルであり、須佐之男命の天つ神系が南イスラエルであるとするならば、始祖ヤコブ、すなわちイスラエルであるがゆえ同じ父からでた親戚同士の和合ということになる。

大きく和するという意味で大和《やまと》という名を冠した呼び名は、神の配剤と言わざるを得ない。考古学的に見てもその地においていかなる戦闘の痕も見当たらない。日本国家のはじまりは、皇統を暴力で奪い合うことのない稀有な国体であることがわかる。

御頭祭に関しては佐伯さんにと言って、敷島は一息ついた。

この祭りのことだけは何としてもすべての日本人に紹介したい。知れば知るほどアブラハムとイサクの話を踏襲したとしか思えないからである。

妻の君江と何度も諏訪大社に出向き祭りの行列と一緒に歩き儀式も見た。

ご神体である守屋山にも登ったことがある。本棚から一冊の本を取り出した。『日本は聖書の国だった！』畠田秀生著（ともはつよし社刊）を読み始めた。祭りそのものが創世記二十二章のアブラハムとそのひとり子イサク奉献そのものである。アブラハムの信仰を継承する人々、それを祭りとして祝う人たちが古代日本に辿り着いていた証拠である。諏訪湖のすぐ近くにある御神体の山と、イスラエル民族の聖山の名が同じ「モリヤ」なのである。

その主祭神であるミシャクチ神を奉るのは七十八代にも及ぶ守矢《モリヤ》家の神長官《じんちょうかん》である。

上つ巻 十四、日本のモリヤ山……諏訪の御頭祭ミシャクチ神（ミ・イサク・チ神）とアブラハム、イサクの神

厳《おごそ》かな祭りである。踊りもなく叫びもなく、粛々と行われ、参列する男たちは、すべて上下正装のスーツである。この神事がとてつもなく重要な意味をもつ儀式だとすぐにわかる。毎年四月十五日、茅野市諏訪湖の南約七キロのところにある諏訪大社上社前宮で行われる。本州の中心地と書かれている山で、前宮の背後にあるモリヤ山（千六百五十一メートル）が奥殿であり、山そのものがご神体である。その頂上からの眺めは三百六十度の大パノラマである。

ＭＩ・ＩＳＡＫＵ・ＣＨＩ、ミ、イサク、チのミは接頭語、そしてイサク、チは接尾語である。また古語の蛇だとする説もある。漢字では「御佐口神」「三社口神」「御社宮司神」「佐久神」「射軍神」「尺神」と様々に書くが定説はない。いずれも当て字であり、元来は外来語だ。江戸中期の国学者、紀行家菅江真澄《すがえますみ》が模写した江戸時代の御頭祭の「御神生贄《おこういけにえ》の神事」と旧約聖書創世記二十二章とを比較してみよう。

菅江真澄の記録

私はここから十六町（約1・7㎞）ほど東へ歩いていった。前宮という所に、十間間口の直《なお》会殿《らいでん》がある。そこにはなんと鹿の頭が七十五、真名板《まないた》の上に並べられていた。その中に、耳の裂けた鹿がある。この鹿は神様が矛《ほこ》で獲《と》ったものだという。……そのうち、長殿《おさどの》が敷皮から立ち上がり、一本の木の下へ行く。弓矢を持っているので、何かを射ようとするのかどうか、……やがて篠《しの》の束の縄をほどき、篠をばらばらにしてその上に敷き、花を供える。

長殿はそのままじっとしている。そのとき長さ五尺（約1・5ｍ）余り、幅は五寸（約15㎝）ほどで、先のとがった柱を押し立てる。これを御杖《おつえ》とも、御贄柱《おにえばしら》ともいうが、どうであろうか。……御神《おこう》といって、八歳ぐらいの子どもが、紅の着物を着て、この御柱にその手を添えさせられ、柱ごと人々が力を合わせて、かの竹の筵《むしろ》の上に押し上げて置いた。……そこへ上《かみ》下《しも》を着た男が、藤刀《ふじかたな》というものを、小さな錦の袋から取り出し、抜き放って長殿に渡す。

……そして柏手を打つ音が三つ聞こえて後、神楽が止んだ。例の神の子どもたちを、桑の木の皮をより合わせた縄でしばり上げる。その縄でしばるとき、人々はただ、「まず。まず」と声をかける。ともし火をともす。……

いよいよ祭りは最高潮となる。諏訪の国の司からの使者の乗った馬が登場する。

その馬の頭をめがけて人々は物を投げかける。しかし、この馬はとても早く走る。その馬を今度は子どもたちが大勢で追いかける。その後ろから、例の御贄柱を肩にかついだ神官が、「御宝だ、御宝だ」と言いながら、長い鈴のようなものを五個、錦の袋に入れて、木の枝にかけ、そろりそろりと走り出し、神の前庭を大きく七回回って姿を消す。そして、長殿の前庭で、先の桑の木の皮でしばられていた子どもたちが解き放され、祭りは終わった。(『菅江真澄の信濃の旅』信濃教育会出版部より)

現在の御頭祭

「御贄柱」の風習は残っているが、「おこう」の儀式はなされていない。はく製でまかなわれている。明治のころまでは七十五頭の鹿の頭は生首をささげていたという。前宮の十間廊のまわりに張り巡らされた幕の中ではく製の首をもって恭《うやうや》しく押し頂く神主がいる。

雅楽の音と共に神饌の中心は、もちろん「おこう」という子どもである。しかし、その子はいない。二千数百年に及ぶかもしれないその儀式の行われていた四月十五日の「十間廊」は、動物の流された血で真っ赤であったろう。「これほどの血塗られた動物犠牲の祭儀は、全国でもこの諏訪大社上社が際立っている」、と京都丹後半島、籠《この》神社の海部《あまべ》宮司は日本では不思議な祭りだと述懐されたことがある。

神道の中の例外だからこそである。藤森照信氏は、「謎に満ちている。たとえば、おこうという紅の着物を着た子供を御贄柱とともに押し上げ、その後、立木に縄で縛りつけるのは何故か」と記している。

藤森照信　長野県諏訪郡宮川村出身。神長官守矢史料館で建築家としてデビュー明治四年に新政府はこの祭りを人身御供だとして禁止した。祭りを執り行っている神主に「最も大切な部分を執り行えない儀式では？」と問うと、

「そうです。残念です。一番大切なところを守れないことは誠に遺憾です。藤刀で子供を殺そうとするのですが、それをとめに入るのですから、人身御供ではないのだと教えているのですから、その仕草が駄目だというのは意味を取り違えています」

しかし一人の子を犠牲《いけにえ》にする意味は何を伝えようとしているのか。

この御頭祭には「湛神事《たたえしんじ》」というものがある。湛《たた》えとは満潮、満たすという意味でもあるが別名回り神とも言われる。この祭りの主役は御神《おこう》という大祝《おおほうり》の代理となった童男が、茅野市に区画された町内を三方向回ることから開始される。特に外回りの湛神事の時には、三日前に出発するという。

その三日前がアブラハムと関わる。

聖書の創世記二十二章に記されたアブラハムの試練である。

「神はアブラハムを試練に会わせられた。……神は仰せられた。『あなたの子、あなたの愛しているひとり子イサクを連れて、モリヤの地に行きなさい。そしてわたしがあなたに示す一つ

の山の上で、全焼のいけにえとしてイサクをわたしにささげなさい。』翌朝早く、アブラハムはろばに鞍をつけ、ふたりの若い者と息子イサクとをいっしょに連れて行った。……三日目に、アブラハムが目を上げると、その場所がはるかかなたに見えた。……全焼のいけにえのためのたきぎを取り、それをその子イサクに負わせ、火と刀とを自分の手に取り、ふたりはいっしょに進んで行った。……ふたりは神がアブラハムに告げられた場所に着き、アブラハムはその所に祭壇を築いた。そうしてたきぎを並べ、自分の子イサクを縛り、祭壇の上のたきぎの上に置いた。

アブラハムは手を伸ばし、刀を取って自分の子をほふろうとした。そのとき、主の使いが天から彼を呼び、『アブラハム。アブラハム』と仰せられた。……『あなたの手を、その子に下してはならない。その子に何もしてはならない。今、わたしは、あなたが神を恐れることがよく分かった。あなたは、自分の子、自分のひとり子さえ惜しまないでわたしにささげた。』

アブラハムが目を上げて見ると、見よ、角をやぶにひっかけている一頭の雄羊がいた。アブラハムは行って、その雄羊を取り、それを自分の子の代わりに、全焼のいけにえとしてささげた。

耳裂鹿は右端の鹿

そうしてアブラハムは、その場所をアドナイ・イルエと名づけた。今日でも『主の山の上には備えがある』と言い伝えられている。」

話はこれで終わらない。その直後、神はアブラハムとその子孫に大きな約束を与えられている。それがイサク、イサクの子ヤコブ、そしてヤコブがイスラエルと改名して十二部族の父となる。時代を経てダビデそしてソロモンを輩出した時代の繁栄は、世界に類のないものとなった。そして全世界に精神的、霊的に大きな影響をもたらした力は現在にも及び、全世界の注目の的である。その国の歴史であり、そのイスラエル全家を看過するわけにはいかない。

「わたしは自分にかけて誓う。あなたが、このことをなし、あなたの子、あなたのひとり子を惜しまなかったから、わたしは確かにあなたを大いに祝福し、あなたの子孫を、空の星、海辺の砂のように数多く増し加えよう。そしてあなたの子孫は、その敵の門を勝ち取るであろう。あなたの子孫によって、地のすべての国々は祝福を受けるようになる。あなたがわたしの声に聞き従ったからである。」

長々と聖書の記事を引用してしまったが、どうしてもここだけは省略できない。というのは、アブラハムから十四代目がダビデ、ダビデから十四代目に救い主として生まれたのがイエス、この方が人類の罪のためにいけにえとなって十字架にかかられることにつながるキリストなのだから。

このアブラハムは、キリスト教を土台とする西洋諸国のみならず、イスラム教を土台とするイスラム圏諸国でも重要視されている人物である。しかし私たち日本人には、なじみが薄い。神信仰の大元の一つでもある諏訪大社で継承されている御頭祭が、日本の建国に関与するイサク奉献神事であるならば、日本人キリスト者としてほっとけない。なぜなら日本はアブラハムの祝福を受ける国であるということになるからである。日本だけの遺産だけではなく、世界遺産と言ってもいい。

諏訪大社の御頭祭と創世記の類似点を一つ一つ検証するにつれ、これはアブラハムとそのひとり子の命をかけた伝承である。日本の国の厳粛な祭りとなり民族の祖を忘れさせまいとして残されてきたのである。多くのキリスト者が気づき始めている。近くの神長官守矢資料館を訪れた人の記録帳には、牧師たちの名前も多く記帳されていることからも明らかである。

アジア東端のこの島国日本に、イスラエル人たちがやってきて住みついた有力な証拠の一つである。その一部をあげてみることにする。

アブラハムが神の声を聞いた時から三日たってモリヤの山に着いている。

その祭りは三日前に馬に乗って始まる。アブラハムはひとり子をしばりあげて、たきぎの上に乗せる。イサクをほふろうと刀を振り下ろす。「御神《おこう》」もしばりあげられ竹の筵の上に押しあげられる。神官は「藤刀」を振り下ろそうとする。まさにその時、神は「天使」を通じてアブラハムの手を止められた。

御頭祭の描写も、馬に乗った使者や、御贄柱を肩にかついだ神官が現れたのちに、子どもは解放される。

旧約聖書の記述では角をやぶにひっかけている雄羊が犠牲としてささげられたとあるが、御頭祭の方は、角のある鹿がなんと七十五頭まな板の上に並べられたのである。かつての日本では羊がいなかったので、代わりに鹿が用いられた。その中の一頭は特別で耳裂鹿《みみさけしか》と呼ばれる。神さまが備えたものだからである。

七十五頭という数字にも意味がある。サマリヤの過越しの祭りでは、七十五頭の羊がほふられていた。サマリヤとは北イスラエルの首都であるが、南イスラエルのエルサレムのモリヤの山にあたるゲリジム山での祭りなのである。そのゲリジム山は、北イスラエル民族にとっての別名モリヤ山である。

また、新約聖書にある最初の殉教者ステパノは、死の間際に「ヨセフは人をやって、父ヤコブと七十五人の全親族を呼び寄せました」とある。エジプトに呼び寄せ、ききんから救われたイスラエルの民の数が七十五人であった。北イスラエルが使用しているサマリヤ五書というものがある。そのトーラーには七十五人と記されている。北イスラエルの人々もヤコブと共にいた人々の数は七十五人であると理解している。

「おこう」は漢字で御神とか神使と書くが当て字である。音として発音してみるなら、創世記二十二章の二節「ひとり子イサク」の「ひとり子」は、ヘブル原語（上記）では「ャアコウド」（ただひとりのという意味）と言う。

伊勢の地にもミサクチ信仰がある。

יחיד

ャアコウド「ただひとりの」という意味

伊勢の神宮は長年の皇祖神崇拝にもかかわらず、このあたりには民間信仰も多く残っている。その一つに天白がある。長ノ白羽命、天ノ物知命、天ノ八坂彦命という別名である天の岩戸神話にでてくるタヂカラオの子と関係がある。それが天白と関わりがあり、天白大明神の屋敷神は「社護神」（ミシャクチ）なのである。伊勢の天白は、伊勢に住んでいた神《かん》麻《お》続《み》氏が奉じ、神宮の成立とともに、関わりをもつようになったとされている。ミサクチ信仰が伊勢の地と諏訪にもあることと皇祖神の伊勢がつながるとすれば日本の建国と成立に、アブラハムとイサクの物語が展開している史実が見える。

日本の建国と神信仰にもとづく神事こそ、聖書に記されたアブラハム信仰であった。しかも、イエスの十字架刑の意味とも重複している。偶然などではない。祭りや伝承というものは、現実の出来事を記念し、意味を込めて行う行事である。それの習慣化されたものが伝統である。その祭りごとがシルクロードの両端に、それも一万キロも離れたところにある。同じ人の名前、同じ山の名前、七十五という共通の数字、身代わりの動物などなど、同じ意味の同じ事柄……これを偶然だと済ますことのできる人の知性は理解不能である、と佐伯がつぶやいた。

幸太郎も純子も同じことを考えていた。一度、諏訪湖のほとりの諏訪大社でのその祭りを見てみたい、と。

上つ巻　十五、須佐之男命の十拳剣とモーセのアロンの杖

須佐之男命が出雲に現れるところからと前置きし、
「アマテラスの弟、須佐之男命の物語から真意のほどを見ていきましょう。古事記の記述からすると前後しているかもしれないが」と佐伯が言った。

前回はアマテラスがお隠れになった天岩戸の話からイエスの十字架の死と復活を見た。一度死んでから蘇《よみがえ》ったという話はアジアの両端に確かに存在する。一方はイスラエルの歴史書と言われている聖書の中に、もう一つは日本最古の書である古事記に記されていた。

その前に、と敷島が念を押した。

「古事記と聖書に同じ意図をもつ箇所がたくさんあると気づいている日本人もおるはずや。今から佐伯さんが話される須佐之男命の話なんかはその筆頭かもね。古事記は象徴的な言い方で伝えているがその本意は、聖書にあるんや。神話的描写と事実の記述という両方の形があるのを、見極めんとあかん。でないと聖書を作り話の神話でしかないと思い込ませる巧妙な手口に

なるんや。人の心から永遠への道を閉ざさせるのも知らず、知識人ぶる輩らが書物や講演記録に収め素朴な人たちの求道心に水を差す御仁《ごじん》がおられる。無性に腹が立ってしまう。アッ、ちょっと熱くなりすぎたかな？」

さらに続けて言った。

「預言者エゼキエルは枯れた骨が谷間に横たわっていて、骨がそれぞれのあるべき場所に結び合わされて、その上に筋がつき、肉がつき、立ち上がって大群衆になったと語っている。これも古事記にあるような神話的描写や……でもね、たとえば、アダムが地のちりから造られたこと、マリヤが処女でイエスを生んだこと、イエスがラザロを死から生き返らせたこと、そしてイエスが三日目に墓からよみがえったことを真実だと言いながら、古事記をおとぎ話と主張するのは、支離滅裂や」

純子は、古事記を日本にある最も古い書物、おとぎ話くらいにしか捉えていなかった。神話とか宗教へのマニアックな様子など微塵もみられないまともな人たちの中にいるんだと安堵感を覚えた。少なからず参加した会合の中で、このような集いはなかった。コーヒーショップでのひとときを含めて、幸太郎といるとこの人は違うものをもっているな、と感じたりしていた。あぁ、これが信仰をもつ人ともたない人の違いなのかと敷島を見つめ聞き入った。その信仰の質が他の宗教の人々のものとどのように違うのかと思った。

マタイの福音書、「ふたりでも三人でも、わたしの名によって集まる所には、わたしもその中にいるからです。」というイエスのことばの意味がそんなところにあるのではと思った。

さて、アマテラスの弟、須佐之男命に入りますと佐伯が切り出した。

彼は八百万の神々による協議の結果、「千位《ちくら》の置戸《おきど》」を背負わされた。数多い贖罪《しょくざい》の品物（後世での罰金ともいうべきもの）、また身体の一部である髭と手足の爪を贖《あがな》いの身代として差し出して高天原から追放され地上の国に戻ってきた。

自らの罪を贖うために供え物としての食べ物を大気都比売神《おおげつひめのかみ》に頼む。するとその鼻、口、尻からいろいろな美味しい食べ物を取り出し料理して差し出した。物陰から見ていた須佐之男命は、食べ物をわざと汚して差し出したと大気都比売神を殺してしまった。殺された大気都比売神の頭から蚕、二つの目から稲、二つの耳から粟、鼻から小豆、陰部から麦、尻から大豆が生れた。宇宙創造の造化三神のひとりであるカミムスヒはこれらの産物を種として地上の神々に分け与えて、五穀の種の起源とされた。

「罪の贖いは地から生える食物では神は受け入れられないと教えている箇所を読むよ」と敷島は創世記を開けて読んだ。

「人は、その妻エバを知った。彼女はみごもってカインを産み、『私は、主によってひとりの男子を得た。』と言った。彼女は、それからまた、弟アベルを産んだ。アベルは羊を飼う者となり、カインは土を耕す者となった。ある時期になって、カインは、地の作物から主へのささげ物を持って来た。また、アベルは彼の羊の初子の中から、それも最良のものを、それも自分自身で、持って来た。主は、アベルとそのささげ物とに目を留められた。……そこで、主は、カインに仰せられた。『なぜ、あなたは憤っているのか。なぜ、顔を伏せているのか。あなたが正しく行ったのであれば、受け入れられる。ただし、あなたが正しく行っていないのなら、罪は戸口で待ち伏せして、あなたを恋い慕っている。だが、あなたは、それを治めるべきである。』」

須佐之男命が食物五穀を司る神、大気都比売神を殺した。すなわち罪の供え物としては役立たないことを示している箇所なんだ。大便、小便と見て汚れていると思ったのではなく、罪の赦しの供え物として汚れているとしたのである。これを物質循環の仕組みと観るのはごく自然の解釈だろう。人が食べたものは小便となり、大便として厠にいく。神話としては次元が低い神話だ。おとぎ話にも劣るかもしれへん。大地に戻ってまた種の栄養となり芽が出て花咲き実となる。しかしただそれだけなら、お粗末や。「アッ、これも言い過ぎかな?」とつけ加えた。

「古事記のこの箇所は、穢れを清めるには食物五穀では神さまに受け入れられへんことを言わんとしているんや」

「アベルは彼の羊の初子の中から、それも最良のものを、それも自分自身で、持って来た。主は、アベルとそのささげ物とに目を留められた。」という聖書の句（創世記四章四節）を敷島が引用したとき、幸太郎には、それがイエスのことだとわかった。

人の罪は血によって清められる。それには犠牲が伴う。罪の贖《あがな》いには血が流されなければならないと純子もどこかで読んだことがあった。

佐伯が少し間をおいて古事記に話を戻した。

須佐之男命は出雲《いずくも》に降り立った。何処《いずく》も、だという人もいる。地上のどこでもだとする説である。古事記には島根県出雲の国、斐伊川《ひいがわ》となっておりその上流で困っている老夫婦に会った。足名椎《あしなずち》と手名椎《てなずち》である。娘の名を櫛名田比売《くしなだひめ》と言った。

「私たちには八人の娘がいました。ところがおそろしい八岐大蛇が年ごとにやって来て、これまでに七人の娘をひとりずつ食べてしまいました。この櫛名田比売だけになってしまいました。今年も大蛇がやってきます。それで泣いているのです」

「八岐大蛇とはどんなやつじゃ」

「その目はほおづきのように赤く、頭は八つ、尾が八つ、その身には苔、檜、杉などが生え、体の大きさは八つの谷、八つの峯に渡り、その腹はただれて血が滴っています」

目の前にいる美しい姫を大蛇などに渡してなるものかと、いとおしさが増し、娘を私にくれぬかと須佐之男命は申し出た。

「まだ名前を伺っていません」

「おお、そうじゃ、私はアマテラスの弟、須佐之男命である」

「恐れ多いことです。喜んで娘を差し上げましょう」

そこで、その娘を櫛に変えて自分の髪に刺して、足名椎と手名椎に命じた。

「強い酒を造り、垣をつくり、その垣に八つの門をつくり、門ごとに八つの仮床を敷き、その上に酒船をことごとく強い酒で満たし、大蛇のやってくるのを待つのじゃ」

するとと怪物がやってきて、強い酒をのみ、ぐっすりと眠ってしまった。須佐之男命のもくろみ通りになった。

そこで須佐之男命は腰に差していた十拳剣を抜いて、蛇に切りかかると真っ赤な血がほとばしり出て、斐伊《ひい》川は朱に染まった。大蛇の尾を切った時に、堅いものがあたって十拳剣の刃が欠けてしまったが、そのところから細身のりっぱな剣が出てきた。大蛇を退治し、天上の神がお守りくださった証として、剣が与えられたのである。高天原のアマテラスに戦いの様子を報告し、剣を献上する。それが天叢雲《あめのむらくものつるぎ》剣、後に草薙《くさなぎのつるぎ》剣と呼ばれた。この剣が皇位継承のしるしとなる三種の神器の一つである。(草薙剣は直剣で天の叢雲剣はつむがりの剣と言われ曲剣であると言われ異剣という説があるが、ここでは剣の意味に重点を置くためにその差には触れない。）

敷島はこの話を聞く度に、モーセとヨセフの物語が脳裏に浮かぶ。

モーセの場合は、出エジプト記にある。イスラエルの民はエジプトで奴隷の苦役に苦しんでいた。モーセが使命を受けて民を解放するためにパロ王の前で十の奇跡を起こす。ついに王はイスラエルの民を解放する。有名な出エジプト、エクソダス（大量の国外脱出）である。その最初の奇跡が、神に授けられた杖（後でモーセの兄アロンに手渡されアロンの杖と呼ばれる）での奇跡だ。杖を地面に投げるとそれは蛇になった。エジプトの呪法師たちの杖も蛇になった。しかしアロンの杖は彼らの杖をのみこんでしまった。それでもパロ王はイスラエルの民を去らせなかった。そこで蛇に変わった杖を手に取って、ナイルの水を打つ。するとナイルの水はことごとく血に変わった。

須佐之男命の剣が蛇からの解放であるように、アロンの杖がエジプトの蛇をのみこむ。剣と蛇、杖と蛇である。蛇は人を苦しめるサタン（悪魔）の姿である。

ヨセフの場合は、父ヤコブの溺愛を受けた少年ヨセフは兄弟たちに疎《うと》まれ、ついにエジプトへ旅している隊商に売られてしまう。ポティファルという侍従長に仕える。ポティファルの妻の誘惑を退けたのにもかかわらず、妻の偽りの計りごとで牢獄に入れられてしまう。その牢獄に入ってきた二人の長官の夢を解き明かす。一人の長官は自由の身となる解き明かしだった。

その長官は自由の身となったが、夢の解き明かしをしてもらったことを忘れてしまう。しばらくして王が不思議な夢を見て悩んだ。長官はヨセフを思い出し王のところにヨセフを連れて来た。ヨセフは王の夢を解き明かす。それは七年の豊作の後、七年のききんがあるというものだった。王はヨセフの能力を見抜き、エジプトの宰相に任じる。はじめの七年で穀物を蓄えた。その後に七年のききんがやって来た。世界中が穀物を買うために、エジプトのヨセフのところに来た。ヨセフは父と十一人の兄弟たちの飢えを救うのである。

穀物に関してのききんの期間が七年と須佐之男命が足名椎と手名椎が困っている期間がちょうど七年であった。八年目に大蛇からのひどい仕打ちから解き放った須佐之男命は櫛名田比売と結ばれる。見事に聖書物語がそこかしこにちりばめられている。

純子は聖書のことをあまり知らない。イエスの十字架上での死と復活が希望の根本のように見え、今またアマテラスから須佐之男命の大蛇退治までの話から試練に打ち勝つための励ましを学ぼうとしていた。

古事記に記されている日本神話をただのおとぎ話と思っていた純子は、聖書の物語を投影しているように見えてきた。双方に通じる教えがあること、穢れからの清め、罪の贖い、人生の試練に向かうための剣であることば、イスラエルの勇者と古事記の勇者の生き方は同じ線上にあるのではないかと思った。

そんな純子の感想に、みなが驚き、うなずいた。

「よくそこまで気がつきましたね。ぼくなんか七年目にして、やっと聖書と古事記の類似に気づかされているところです。もうびっくりですよ！」

「そのとおり、神道には教理はないと言われているがそうでもない。戒律とか律法のようなものはないかもしれないが、物語の中にちゃんとした教えは収められている。だから日本人はその生き方を生きてきたんや。日本人は知らずに、神を拝んでいるのや」

敷島の言葉に幸太郎はうれしさを覚えた。


幸太郎は純子の信仰の悩みを敷島たちに話した。

「純子さんが、両親にキリストを信じたことを打ち明けようか、今でなくて時が来るまで待った方がよいのか迷っていると相談を受けたのです。皆さんの意見を聞いてみようということになったのです。少しそのことを話してみたら、純子さん」

「はい、あれから二週間経ちました。心に新しい何かが入ってきて、目の前がパッと明るくなりました。今まで心配していた沢山のことを悩まなくてもいい、という気もします。でも気になっているのは、両親に今話すべきかどうか、ということなんです」

「わかるわ。お父さんお母さんはどんな感じの人？　あなたが中学、高校に入学する時、あなたが志望校を選んだの？　それともお母さんやお父さんが決めたの？」

「私が決めました」

「そう、大学も？」君江は純子の両親の考えを感じ取ろうとしていた。

「はい」

「何か宗教を信じておられるのかな？」敷島も聞いた。

「いいえ、とくには。家には仏壇はありますが特別熱心でもありません。むしろ私の方が関心をもっているかもしれないくらいです。友だちと大学生の時高野山に行きました」

幸太郎は純子の新しい一面を知る思いがした。


「青木さん、あなたはもう自分でどうすべきかわかっていると思うよ。急がず慌てずその時が来るのを待ってみたら。何かの拍子にやってきますよ。これから一緒に聖書を読んで学んでいきましょう。よかったら明日、私の家の教会に来てみない？　そうそう、鈴木さんも青木さんとどうですか？」

「いつも行ってる教会を休んで大丈夫？　鈴木さん」と佐伯が心配した。

「ぼくは大丈夫です。どう青木さんは？」

「私からお願いしたいくらいです」

「そうだ、加地も誘ってみようか。教会に行きたいと言っていた」

上つ巻 十六、大国主とヨセフとダビデの試練

佐伯は日本の国の新しい展開の場面に入っていく。須佐之男命は国つ神の娘である櫛名田比売と結婚した後、新しい土地に住んだのを記念して、

八雲立つ　出雲八重垣　（幾重にもかさなり、大空に沸き立つ雲は）
妻籠みに　八重垣造る　（新妻と愛の日々を　八重の垣根をめぐらせて守ります）
その八重垣を　　　　　（天の神からの祝福を）

と詠《うた》った。

敷島はいつものように、聖書の記事で関連しているところから話す。
王国がソロモンによって確立された後、ソロモンはエジプトの王パロと互いに縁を結んだ。パロの娘を娶《めと》りダビデの町に連れて来た。自分の家と主の宮、および、エルサレムの周りの城壁を建て終わるまでそこにおらせた。（列王記上三章一節）
王たる者は、自分が守るべき者のために、垣根（城壁）をつくり安全を保障しなければなら

ない。

佐伯が引き継ぐ。

そして古事記は、系図を記す。大国主まで行き着くまでのひとりひとりの名を挙げている。八島士奴美神《やしまじぬみのかみ》、さらに須佐之男命が大山津見神の娘で名が神大市比売《かむおおいちひめ》を娶って生まれた子、大《おお》年神《としのかみ》と宇迦之御魂神《うかのみたまのかみ》の二柱、また八島士奴美神の血筋を次々に記す。八島士奴美神が大山津見神の娘である木花地流比売《このはなちるひめ》を娶って生んだ子は、布波能母遅久奴須奴神《ふはのもじくぬすぬのかみ》。この神が、淤迦美《おかみの》神《かみ》（＝水を司る神）の娘、名は日河比売《ひかわひめ》を娶り生んだ子は、深淵之水夜礼花神《ふかふちのみずやれはなのかみ》。この神が、天之都度閉知泥神《あめのつどへちねのかみ》を娶って生んだ子は、淤美豆奴神《おみずぬのかみ》。この神が、布怒豆怒神《ふのずののかみ》の娘で名は布帝《ふて》耳神《みみのかみ》を娶って生んだ子は、天之冬衣神《あめのふゆきぬのかみ》。この神が、刺国大神《さしくにおおのかみ》の娘で名は刺国若比売《さしくにわかひめ》を娶って生んだ子は、大国主神《おおくにぬしのかみ》である。須佐之男命の六世孫にあたる。その神を主人公とする物語が書かれている。

なぜこのように長々と系図が書かれているのかと問いかけ、敷島はその解き明かしを聖書から引き出していく。

聖書の記述も同じ方式であり、系図を長々と書きとめる。アダムの系図、全く同じ方式である……を生んだ後……を生んだと記す。歴史としてはアダムを始めノアの系図も同じ方式である。古事記より当然聖書の方が先であり、古い。

「どちらの書も幾度もどのような人から生まれてきたかを重要事項として記すのはただの思いつきではないはずや」

まず創世記四章十六節から、「それで、カインは、主の前から去って、エデンの東、ノドの地に住みついた。さて、カインは、その妻を知った。彼女はみごもり、エノクを産んだ。カインは町を建てていたので、自分の子の名にちなんで、その町にエノクという名をつけた。エノクにはイラデが生まれた。イラデにはメフヤエルが生まれ、メフヤエルにはメトシャエルが生まれ、メトシャエルにはレメクが生まれた。レメクはふたりの妻をめとった。ひとりの名はアダ、他のひとりの名はツィラであった。」

また創世記四章二十五節からは、「アダムは、さらに、その妻を知った。彼女は男の子を産み、その子をセツと名づけて……」と記し、以下歴代誌第一の一章一節から

「アダム、セツ、エノシュ、……ノア、セム、ハム、それにヤペテ。ヤペテの子孫は、ゴメル、マゴグ、マダイ、ヤワン、トバル、メシェク、ティラス。……アルパクシャデはシェラフを生み、シェラフはエベルを生んだ。エベルにはふたりの男の子が生まれ、ひとりの名はペレグであった。彼の時代に地が分けられたからである。もうひとりの兄弟の名はヨクタンであった。」

敷島はもうひとつの系図をつけ加えた。新約聖書の冒頭である。

「アブラハムの子孫、ダビデの子孫、イエス・キリストの系図。アブラハムにイサクが生まれ、イサクにヤコブが生まれ、ヤコブにユダとその兄弟たちが生まれ、ユダに、タマルによってパレスとザラが生まれ、……ラハブによってボアズが生まれ、ボアズに、ルツによってオベデが生まれ、オベデにエッサイが生まれ、エッサイにダビデ王が生まれた。ダビデに、ウリヤの妻によってソロモンが生まれ、ソロモンにレハブアムが生まれ、……」

これはアダムからイスラエル民族が分裂するまでの系図、ユダ族のソロモン王の息子レハブアムまでである。

その後にユダ族のヨセフまで記されてあり、キリストの誕生は次のようであったと記す。母マリヤはヨセフの妻と決まっていたが、ふたりがまだいっしょにならないうちに聖霊によって身重になったと、弟子マタイが書いている。

この系図を書きとめた人たちの思想と筆致を、古事記を書く時の手本にしたのではないか。日本人のルーツを探る大きなヒントである。

幸太郎が驚いたのは純子が次のようなことを話し出したからである。

必ず父の名前があり、次にだれそれが生まれ、次にだれそれが生まれたと羅列されていて、血筋が重んじられている。ヨセフもマリヤも先祖が同じ血筋の出であることを書き記されている。マリヤがヨセフといっしょになる前に聖霊により身ごもったからこそ、イエスがキリストであるということがわかる。さもなければイエスは普通の人のように男と女の交わりによって人の罪深い汚れた血によって生まれて来たことになる。それだからこそ、私の罪を清める資格有りです。

「そのとおりね」と君江もうなずいた。

「だれだれから生まれ、だれだれから生まれたと続けたあとで、マリヤの胎に宿っているものは聖霊によると天使は夫ヨセフに言う」と佐伯もかみしめるように言うと、敷島は少し考えてから、

「聖書のことばに信仰をもつ私たちは、当然処女が懐胎しなければ道理に合わへんと、信じるに足る神の御計画なんやと納得するようになる。不思議と言えば確かに不思議。うまく説明でけへんけどそうなんやと受け入れられる。生まれながらの人には愚かとしか思われへんやろな。私たちも以前はイエスの物語を愚かに思えていたんやから」

大国主の物語にはまた格別の面白さがあるよ、と佐伯は話し出した。

大国主には大勢の腹違いの兄弟、八十神《やそがみ》がいた。八十人という実数ではない。大勢とするのが正しいと思う。それはさておき、彼らには自分の国を大国主にゆだねることになった経過がある。

八十神は稲葉の八上姫に求婚しようとの下心があって稲葉に出かけていくところであった。この時、大国主は一番末っ子だったので荷物を背負わされていた。そのころの大国主の名は、大穴牟遅神《おおあなむちのかみ》だった。ちなみに別名として葦原色許男神《あしはらしこおのかみ》、八千矛神《やちほこのかみ》、宇都志国玉神《うつしくにたまのかみ》があり五つの名をもっている。

一行は毛をむしり取られて皮膚が真っ赤になった兎に出会った。その時、八十神は兎に海水を浴び風にあたり、山の上でうつぶせになると直ると助言する。すると逆に皮膚はただれて痛みに苦しんだ。そこに大穴牟遅がやって来た。

「どうしたの」

とわけを聞くと、兎は、ぼくは隠岐島（沖ノ島かもしれない）から稲葉に渡ることができなかったので海に住む和邇《わに》を騙し、どちらの数が多いか比べてみようともちかけた。和邇は仲間を呼んできて海上に並んだ。その上を兎が踏みながら数を数えたが最後の和邇のところで「おまえたちは私に騙されたのだ」と言った。すると一番端に伏していた和邇が兎を捕らえて、その毛を全部はぎ取ってしまった。その時、八十神が通りかかり、海水を浴び風に当たると直ると言ったという。

これが有名な稲葉の素兎《しろうさぎ》の話である。大穴牟遅は兎を助ける。すると「八十神は八上比売を得られず、大穴牟遅は八上比売と結ばれる」と兎は予言する。

八十神の求婚を八上比売は断り兎の言う通りになる。そこで八十神たちは大穴牟遅を殺そうと謀《はか》る。赤い猪の形の大岩を焼き山の上から転がしたら大穴牟遅は死んでしまった。息子の死を知った母は天に昇りカミムスヒに助けを求める。赤貝と蛤をすり合わせた薬を塗って火傷を直して生き返る。八十神は死んだはずの大穴牟遅が元気になったので再び悪だくみを巡らせた。今度は山に連れていき、木に切り込みを入れくさびを打ち込み、その割れ目に大穴牟遅を入れて、くさびを引き抜いて挟み殺してしまう。母はまた悲しみ、今度は自らの手で木の間から息子を助け出し、生き返らせた。

危険を察知した母は、息子がここにいてはまた八十神たちに追われて危険だから、と大屋毘《おおやび》古神《このかみ》がいる木の国（紀の国）へ旅立たせて逃がした。しかし八十神は追いかけて矢を弓につがえて射掛けてきた。そこで大屋毘古は考えた。執念深い八十神たちは、この国の中では、何処までも探して殺しに来るだろうから、須佐之男命の根の堅州国であれば安心だ。須佐之男命は必ず助けてくれる、と言い聞かせて送り出した。大穴牟遅は須佐之男命の娘、須勢理毘売《すせりひめ》と出会い、二人は見つめ合うとすぐに惹かれ合い結婚した。

敷島はここで合いの手を入れた。

人は死ぬとちりに帰る。しかしこの古事記を伝承してきた人たちは、魂は永遠だと信じていた。イザナミの黄泉の国、アマテラスの天岩戸からの蘇り、そして大穴牟遅の何度の蘇りでよくわかる。また、さまざまの苦難を経ても、希望があるということを示唆している、と。

須勢理毘売は「とても麗しい神がいる」というと須佐之男命は、これは葦原中国《あしはらなかつくに》を担う葦《あし》原色許男《はらしこお》という神だと言って蛇の室に入れた。毒蛇が這いまわる部屋である。須佐之男命は、大穴牟遅が大国主としての国を知らす（治める）能力があると見抜いていたという解釈は十分ありえる。須勢理毘売は蛇の比礼《ひれ》（蛇を払いおける細長い布）をそっとわたす。蛇が襲ってくるたびに、比礼を三回振るうと蛇がおとなしくなって引き返した。試練は続く。今度は百足《むかで》が這いまわり、蜂が飛びまわる部屋に寝かされる。今度もまた須勢理毘売がそっとわたしてくれた布を三回振ると再びゆっくりと眠ることができた。それでもまだ試練は続く。

須佐之男命は広い野原に大穴牟遅を誘い、大きな音を立てて飛ぶ矢である鳴鏑《なりかぶら》を遠くに射ってそれを拾ってこいと命じた。結婚を認めてもらうために真面目な大穴牟遅は必死に矢を探す。なんとその上に須佐之男命は野に火を放った。逃げ場を失った大穴牟遅は途方にくれる。その時一匹のネズミが現れ、「内はほらほら、外はすぶすぶ」といって地面を踏むように合図した。すると地面に穴が開いて落ちてしまった。頭上を火が通り過ぎて助かる。それだけではない。ネズミが鳴鏑をもってきてくれたがその矢羽根は、子ねずみがかじってなくなっていた。

火が野原を焼き尽くしたので、須佐之男命と須勢理毘売は大穴牟遅が死んだものと思い葬儀の道具をもってきたところ、矢を握りしめた大穴牟遅が現れ、姫は喜んだ。須佐之男命は内心その強さにひどく驚くのである。

それでも更なる試練が待ち構えていた。須佐之男命は彼を大広間に連れて帰り、頭の虱《しらみ》を取れと命じた。見るとそれは虱ではなく、百足が蠢《うごめ》いていた。姫がもってきた椋《むく》の木の実と赤い粘土でその実を口に含んで嚙《か》み吐き出した。須佐之男命は百足を吐き出したと思い感心して眠ってしまった。その機会を逃さぬように須佐之男命の髪を束ねて、家の太い柱に結びつけ五百人もの人で引くほどの大きな岩でその部屋の入り口をふさぎ、須勢理毘売を背負って逃げた、と古事記は記す。

これまで大穴牟遅の試練にあった数々の話に敷島は創世記のヨセフのことを連想した。話したい衝動を抑えきれずに語り始めた。須佐之男命が十拳剣で八岐大蛇を退治した話とも重なるが、と断って……。

ヨセフは十二人兄弟の十一番目の子で、父ヤコブに溺愛された。そのために兄たちに憎まれ、いじめられた。ヨセフが十七歳の時、兄たちが羊の群れの世話をしている様子を見てきてくれと父に頼まれた。兄たちは彼を殺そうとたくらみ、悪い獣に食べられるようにしようと穴に投げ込んだ。大穴牟遅神の名の通りだ。その時イシュマエル人の隊商が通ったので、兄たちは隊商に銀二十枚で売り渡し、ヨセフはエジプトに連れて行かれた。大穴牟遅も須佐之男命の堅州国（黄泉の国）に連れて行かれている。エジプトの王パロの侍従長ポティファルがヨセフを買った。主なる神はヨセフのなすことのすべてを成功させたので、全財産を任せられ家の管理者になった。ヨセフは体格もよく、美男子であった。これらの後、主人の妻がヨセフに目をつけ、「わたしと寝ておくれ」と迫った。ヨセフは毎日言い寄られたが、相手にしなかった。

大穴牟遅も蛇の室に入れられ、誘惑され殺されそうになっている。蛇には毒がある。蛇は人を誘惑するサタン（悪魔）の化身。誘いを断ったヨセフは上着を彼女の手に残して外に逃げた。彼女は家の者を呼び言った。「ご覧。あの男が私と寝ようとして入って来たので、私は大声を上げたのです。私が声をあげて叫んだので、私のそばに自分の上着を残し逃げて出て行きました。」そして帰ってきた主人に告げた。「あなたが私たちのところに連れて来られたヘブル人の奴隷は、私にいたずらをしようとして私のところに入って来ました。私が叫んだので、私のそばに上着を残して外へ逃げました。」彼女のことばを聞いた主人は怒りに燃え、ヨセフを投獄した。

しかし監獄でも主はヨセフとともにおられ、監獄の長の心にかなうようにされた。ヨセフは囚人の管理者になった。その時ふたりの人が監獄に入って来た。ふたりはパロ王に仕える長官であった。そのふたりが同じ夜それぞれ夢を見た。ヨセフは解き明かしをする。ひとりは木につるされ、他は自由になる夢の解き明かしだった。自由になった長官はヨセフのことを忘れてしまった。二年後、王も夢を見て悩んだ。王の夢はナイルから肉づきの良い七頭の雄牛が上がって来て、葦の中で草をはんでいた。すると醜いやせ細った七頭の雄牛がナイルから上がって来て、良く肥えた七頭の雄牛を食い尽くした。また別の夢も見た。肥えた良い七つの穂が、一本の茎に出て来た。するとすぐそのあとから東風に焼けた、しなびた七つの穂が出て来た。そして、しなびた穂が、あの肥えて豊かな穂をのみこんでしまった。夢の意味が解らず王は悩んでいた。自由になった長官は、ヨセフが夢の解き明かしをしたのを思い出した。王に告げるとすぐにヨセフを呼び出した。

ヨセフの解き明かしはこうであった。七年の大豊作のあと、七年のききんがエジプトにやってくる。ひどいききんなので、前もって神が王に知らせようとしておられる、と王に進言した。さとくて知恵のある人を見つけ、その者にエジプトをまかせ、豊作の七年間にエジプトの地に備えをするように。すると王はヨセフを任命して言った。

「私の家を治めてくれ。私の民はみな、あなたの命令に従おう。私があなたにまさっているのは王位だけだ。」

エジプトを治める地位についたのはヨセフが三十歳の時であった。さて、ヨセフの言ったとおり豊作の七年の後に七年のききんがやってきた。そのききんはすべての国に及んだがエジプト全土には食物があった。ヨセフの父ヤコブは息子たちにエジプトに行き穀物を買ってくるように言う。そこでヨセフの十人の兄弟がエジプトにやってきて、ヨセフの前でひれ伏した。

これがヨセフの試練から彼が国を治めるまでになった経緯である。

また次の人物を聖書から見てみよう。イスラエルの王となった目の美しいダビデ王である。初代イスラエルの王サウルは王としての資格を失った。神は次の王はエッサイの息子の中にいると預言者サムエルに示された。エッサイの息子のエリアブを見た時、この人こそ油注がれる者だとサムエルは思った。しかし主は言われた。

「彼の容貌や、背の高さを見てはならない。わたしは彼を退けている。」

次にアビナダブが呼ばれた。サムエルは、「この者もまた、主は選んでおられない。」

エッサイはシャマを進ませたが、サムエルは言った。「この者もまた、主は選んではおられない。」彼には七人の息子がいたが、これで全部かと尋ねると、「まだ末の子が残っています。今、羊の番をしています。」とエッサイが答えた。その子がダビデであった。

大穴牟遅も末っ子であり、兄たちに仕えていた。ダビデも兄たちが次の王となる面接を受けている時、羊の番をして仕えていた。

主はサムエルに仰せられた。

「さあ、この者に油をそそげ。この者がそれだ。」

ダビデもまた王となり国を知らす（治める）ようになるために、様々な試練に会う。

イスラエルの敵ペリシテ人の巨人ゴリアテと一騎打ちの末に勝利する。サウル王の息子ヨナタンの心はダビデの心に結びついた。サウルはその日、ダビデを召しかかえ、父の家に帰らせなかった。ダビデはどこへ行っても勝利を収めた。

民の心はダビデに結びつき歌った。

「サウルは千を打ち、ダビデは万を打った。」

サウルは非常に怒り、ダビデを疑いの目で見るようになった。サウルは家の中で狂いわめいた。ダビデは、いつものように、琴を手にして弾いたが、サウルの手には槍があった。サウルはその槍を投げつけダビデを壁に突き刺そうとしたが、ダビデは二度も身をかわす。

ダビデはその行く所、どこでも勝利を収めたのでサウル王はダビデを恐れた。それで王はダビデを自分のもとから離し、彼を千人隊長にした。

サウル王の娘ミカルもダビデを愛した。ミカルをやる代わりにペリシテ人の陽の皮（包茎の皮）を百だけを取って来いと王はダビデに告げた。王は花嫁料を望んでいないが、王の敵に復讐するためだと念を押す。ダビデはペリシテ人二百人を打ち倒し、その陽の皮を持ち帰り、王の婿になるためのことを、王に果たした。

須佐之男命は広い野原に誘い矢である鳴鏑《なりかぶら》を遠くに射ってそれを拾ってこいと命じた。その後に大穴牟遅は須佐之男命の娘と結婚した。

ダビデへの試練はまだまだ続く。王にはヨナタンという息子がいた。ダビデの親友となった人である。ヨナタンは父のサウロ王になぜダビデを殺そうとするのかと問うと、ヨナタンにまで槍を投げつけ殺そうとした。ヨナタンは、父がダビデを殺そうと決心しているのを知った。それでヨナタンは、ダビデと打ち合わせた時刻に野原に出て行った。ここからは弓矢と小さな子どもを連れ、ダビデがサウル王から逃げて助けられたいきさつが書かれているのでそのまま引用する。

「そして子どもに言った。『私が射る矢を見つけておいで。』子どもが走って行くと、ヨナタンは、その子の向こうに矢を放った。子どもがヨナタンの放った矢の所まで行くと、ヨナタンは子どものうしろから叫んで言った。『矢は、おまえより、もっと向こうではないのか。』ヨナタンは子どものうしろから、また叫んだ。『早く。急げ。止まってはいけない。』その子どもは矢を拾って、主人ヨナタンのところに来た。子どもは何も知らず、ヨナタンとダビデだけに、その意味がわかっていた。ヨナタンは自分の弓矢を子どもに渡し、『さあ、これを町に持って行っておくれ』と言った。」（サムエル記Ｉ二十章三十六節～四十節）

敷島の話を受け佐伯が言った。

須佐之男命が大穴牟遅神を広い野原に誘い、大きな音を立てて飛ぶ矢である鳴鏑《なりかぶら》を遠くに射ってそれを拾ってこいと言う古事記の話の生き写しであると。真面目な大穴牟遅は、結婚を認めてもらおうと賢明に探す。なんと須佐之男命は野に火を放ったものだから、逃げ場を失った大穴牟遲は途方にくれる。その時一匹のネズミが現れ、「内はほらほら、外はすぶすぶ」といって地面を踏むように合図したという。この古事記の箇所は、ダビデの試練を象徴的に記した可能性がある。

敷島はダビデの試練を続けて話した。

ダビデは王サウルから逃れて、ひとりになった。祭司アヒメレクに会った時、「なぜおひとりで、誰もお供がいないのですか。」と問われた。

ダビデはゴリアテを殺した時に得た剣をアヒメレクから手渡され、ガテの王アキシの前にやってきた。ダビデは恐れた。そこでダビデは気が違ったかのようにふるまった。捕らえられ狂ったふりをして門のとびらに傷をつけたり、ひげによだれを流したりした。そこをのがれてアドラムのほら穴に避難した。（サムエル記Ⅰ二十一章十二節〜二十二章一節）

「敷島さん、ダビデの試練を見ていきますと、大穴牟遲の受けた試練とよく似ているのがわかります。王からも身に覚えのない仕打ちを受けたり、武器も持たず孤独と戦い、ついには王としての地位に就くのですが、試練を耐え忍ぶ時に国を治めることができる能力、資格を得るというのは、古事記にも描かれていることがわかりますね。どうでしょうか、この辺りで大国主の国造りコーナーの終着駅にしませんか」

佐伯が古事記の話に戻す。

さて、大国主は領土を広げるために三人の妻を迎える。その系図を次のよう記す。誰それの娘を省いて妻の名前だけで今はお許しを請うていくが、多紀理毘売命《たきりびめのみこと》を娶って生まれた子は阿遅鉏高日子根神《あじすきたかひこねのかみ》。神屋楯比売命《かみやたてひめのみこと》を娶って生まれた子は事代主神《ことしろぬしのかみ》。鳥耳神《とりみみのかみ》（別称　鳥取《ととりの》神《かみ》）を娶って生まれた子は鳥鳴海神《とりなるみのかみ》。

この神が、日名照額田毘道男伊許知邇神《ひなてるぬかたびちおいこちにのかみ》を娶って生まれた子は、国忍富神《くにおしとみのかみ》、この神が、葦《あし》那陀迦神《なだかのかみ》またの名を八河江比売《やがわえひめ》を娶って生まれた子は、速甕之多気佐波夜遅奴美神《はやみかのたけさわやぢぬみのかみ》。

以下ずっと書き連ねて、このように、須佐之男命と櫛名田比売のみ子、八島士奴美神《やしまじぬみのかみ》より、遠津山岬帯神《とおつやまさきたらしのかみ》まで十七世神（とおまりななよのかみ＝実際は十五世までの記載）とある。この系譜は、高天原の神の群れとは違う。つまり、須佐之男命は地球の神、天地の神、目に見える神で、一方の大国主により高天原との関係が生まれたことになる。さらには出雲の御大之《みほの》岬《みさき》に来たとき、海のかなたから天之羅摩船《あまのかがみのふね》に乗って、鵝《かり》（＝蛾《が》。家畜化した雁という説もある）の皮を丸剝ぎにして作った衣服を着てやって来る神があった。名を尋ねても答えない。崩《くえ》彦《びこ》が知っているとのことで聞いてみれば山の田の案山子《かかし》のことで、一本足のために歩くことができないが天下のことをよく知っているとのこと。

崩彦は、「この方は、カミムスヒのみ子、少名毘古那神《すくなびこなのかみ》です」と答えた。

最初の集いで話したカミムスヒは、天地初発の時に関わっていた神である。大穴牟遅神が八十神に殺された時に生きかえらせた神である。このカミムスヒが、自分の子であると言い、おまえと兄弟になって、国を治めなさいと仰せになった。天つ神系と国つ神系の和合である。偉大な国の王という意味にもとれる「大国主」となって、少名毘古那神と二柱の神は共に、この国を築き上げたのである。その後、少名毘古那神は常世の国に行ってしまった。

幸太郎は、自然にイエスと弟子の話を思い出していた。

「イエスは弟子に言われた。『しばらくするとあなたがたは、もはやわたしを見なくなります。しかし、またしばらくするとわたしを見ます。』」

大国主命が出雲で使命に従って国を治めていくために、能力を試される様子はイエスの弟子たちの成長過程と重なった。

神の国のたとえが浮かんできた。

「天の御国は、しもべたちを呼んで、自分の財産を預け、旅に出て行く人のようです。彼は、おのおのその能力に応じて、ひとりには五タラント、ひとりには二タラント、もうひとりには一タラントを渡し、それから旅に出かけた。」(マタイ福音書二十五章)

ということとは、主は、それぞれにちがう能力を与えて去っていく。そして帰って来られるまでに、自分の能力に応じて神の国のために働くようにとの教えであると思い出していた。

系図がいかに大切なものか旧約聖書にも詳しい記述があると敷島が言った。
聖書の記事の中にも、同じように系図をいかにも大切なことのように羅列して詳しく記述しているところがあちこちに出てきていると言った。例えばダビデの系図である。

ヘブロンで生まれたダビデの子は次のとおりである。長子はイズレエル人アヒノアムによるアムノン。次男はカルメル人アビガイルによるダニエル。三男はゲシュルの王タルマイの娘マアカの子アブシャロム。四男はハギテの子アドニヤ。五男はアビタルによるシェファテヤ。六男は彼の妻エグラによるイテレアム。六人の子がヘブロンで彼に生まれた。ダビデはそこで七年六か月治め、エルサレムで三十三年治めた。エルサレムで彼に生まれた者は次のとおりである。シムア、ショバブ、ナタン、ソロモン。この四人はアミエルの娘バテ・シュアによる子である。イブハル、エリシャマ、エリフェレテ、ノガハ、ネフェグ、ヤフィア、エリシャマ、エルヤダ、エリフェレテの九人。みなダビデの子であるが、別にそばめたちの子もあり、タマルは彼らの姉妹であった。ソロモンの子はレハブアム。その子はアビヤ、その子はアサ、その子はヨシャパテ、そして延々とその子孫の名が記されている。(歴代誌Ⅰ三章一節〜十節)

聖書は神の心を人に教える書である。すべて、神の霊感によるもので、教えと戒めと矯正と義の訓練とのために有益である。それは、神の人が、すべての良い働きのためにふさわしい十分に整えられた者となるためだ、とパウロが若い伝道者を訓戒した。

純子が古事記を知ったのは高校二年のころである。授業で古事記の話を聞いた覚えはあるがあまり記憶にない。造化三神なる創造の神が古事記の始めに記されていることに、二十四歳になって心動かされた。天岩戸からアマテラスが出ると再び世界に光が照ったという話に感動したのは、イエスの復活を知ってからである。古事記への関心のなさは、具体的に人生に役立つ教えと、現実生活にいかに対処してよいのかを導き励ます人がいなかったからでもあった。関心がないのだから参考にする書物も目にとまらないのは当然である。ましてや長々と長く続く系図に関心を抱くこともなかった。

「こんな箇所もあるわ、『ある人たちが違った教えを説いたり、果てしのない空想話と系図とに心を奪われたりしないように』、論議を起こすだけで、信仰による神の救いのご計画の実現をもたらすものではありませんって」

君江は、テモテの手紙第一の初めにあるパウロの警告を引用した。

敷島がその言葉に反応した。

「私たちの言わんとしているところはこうなんや。古事記と聖書に同じ系図が長々と書かれているということを確認することがひとつ。そこから古代日本のこの地に、古代イスラエルの民が渡来してきて、私たちはその文化を築き上げてきた事実を確認することがもうひとつ。それを二つの書物からひっぱりだそうとしているだけや。大昔からこの地に住み着いている日本人に、聖書の神は外国からやってきた神ではなく、もともと日本人の神であるという布石を打とうとしているんや。言いかえれば、聖書のことを外国人から教えてもらうというのではなく、もうすでに手元にあるということを悟ってもらえへんかなァ。わかりやすく言えば、『神のことば』である『イエス』を日本人に教える前に、耕す働きや。系図を使って選民意識を植え付けようなどという思いはあらへん。また論議を引き起こす気もない。議論に気をつけんとあかんけどな」

「そこは大切なポイントですね。この私たちのしている日本宣教の接点とも言うべき伝道に頭から反対する人たちもずいぶんいましたからね」、佐伯は敷島の話にうなずきながら、続けた。

少名毘古那神がいなくなり、単身大国主は、どのようにして国を作るべきかと思案していた。すると海を照らす神が、私と一緒に国作りをしようとやってきた。どうすればいいのかと尋ねると、大和の東にある御諸山《みもろやま》の頂でお祀りしなさいとのこと。

その祭神は奈良の三輪山にある大神神社のご祭神・大物主神として祭られている。

次に古事記は、須佐之男命の子に当たる大年神《おおとしのかみ》と妻子とその子孫の系図を記す。この系図の羅列は上つ巻《かみつまき》で終わっているが、中つ巻《なかつまき》の神武天皇から下つ巻《しもつまき》の三十三代推古天皇に至るまでは、きめ細書くその系譜並びに親類関係までが記されている。これは天皇の父方の血統が神代継続されているという神の摂理を表す証左を意味する。

大国主は葦原色許男という名のとおりの色男であったらしい。妻のある身でありながら、高志国《こしのくに》（越国《こし》、北陸地方）に沼河比売《ぬなかわひめ》という美しい姫がいると聞くと、出かけて行って板戸を開けず詠んだ歌、八千矛神《やちほこのかみ》、沼河比売の家で詠った。

八千矛の　神の命《みこと》は　八島国
妻娶《つまま》きかねて　遠々《とほとほ》し　高志の国に
賢《さか》し女《め》を　有りと聞かして　麗《くは》し女を　有りと聞こして
さ呼《よ》ばひに　有り立たし　呼ばひに　有り通《かよ》はせ
……
乙女の　寝すや板戸《いたと》を　押そぶらひ
我が立たせれば　引こづらひ　我が立たせれば　青山に　鵺《ぬえ》は鳴きぬ
敷島はそれをソロモンの雅歌（二章）の中から引用した。

私の愛する方は、
かもしかや若い鹿のようです。
ご覧、あの方は私たちの壁のうしろに
じっと立ち、窓からのぞき、
格子越しにうかがっています。
……
地には花が咲き乱れ、
歌の季節がやって来た。
山鳩の声が、私たちの国に聞こえる。

ソロモンは自分の宮廷に妻も側女もいるにもかかわらず、シュラムの娘を愛し、宮廷に招いて結婚式をあげた。その時に歌の中の歌という雅歌を歌った。大国主とよく似ている。いや大国主がソロモンに似ているというべきか。古事記には百二十首もの歌が収録されている。恋愛の歌のほかに戦争の場面でも歌われている。聖書も数多くの愛の歌が収められている。詩篇は讃美歌のルーツである。ただ讃美歌は神と人の喜びと悲しみが行き交う祈りの泉である。

大国主はついに葦原中国を完成させる。イザナギとイザナミによってはじめられた国作りが大国主の試練を経て実り多いものとなったのは、高天原にも伝わった。全く異なった民族によって成った国ではないからである。大国主が須佐之男命の六代目であることと相まって、のちに登場する神武天皇による和合もまた親戚同士によってなされていく。まさに平和の国、大和である。神のみこころに添う日本がここから形造られていく。

平和をつくる者は幸いです。その人たちは神の子どもと呼ばれるから。

見よ。兄弟が和合しているのは、何と麗《うるわ》しいことであろう。

新約と旧約のことばである。

上つ巻　十七、アメノウズメとマグダラのマリア

そのとき、「古聖の集い」と集会に名を付けたのは佐伯だった。古事記と聖書をくっつけただけである。反対したのは敷島だ。古くさい、堅苦しいという。古希が目前の人が言うことか、と幸太郎は思った。日本人とは何者か、日本の国は聖書とかかわりがあるのか、それを古事記から紐解こうということで集まった四人が五人になった。気がつけば「〇〇会」というのも悪くない。しかし適当な名称が見つからない。敷島は古事記に限らず、伝統や習慣、そして宗教としての神道や仏教も含め、日本の文化全般にわたり聖書を礎にした集いのようなものを考えていた。そこで会の名は保留することにした。名より実、花より団子ということですねと言って、佐伯は天孫降臨を取り上げた。

ここは前にも「天皇家はエフライム族」のところで取り上げたことがあると前置きをし、話を進めていく。

アマテラスと高木神＝タカミムスビ＝は皇太子である正勝《まさかつ》吾《あ》勝勝速《かつかちはや》日《ひ》天《あめの》忍《おし》穂耳命《ほみみのみこと》に詔《みことのり》さ

れた。詔とは臨時の大事に用いる勅命である。次のような命令だ。

「葦原の中つ国はおだやかになった。天降り、その国を治めなさい」

この天孫降臨の父マサカツアカツカチハヤヒアメノオシホミミノミコトをヘブル語で分析してみる。マサカまたはマサヤは救い主、アカツは第一で、日本最初の第一代目の油注がれた者または所と解せるので、支配者、また任命された所、という意味になる。

天忍穂耳命は「わたしは天降る準備をしている間に、子が生まれました。名は天《あめ》邇《に》岐《ぎ》志《し》国《くに》邇《に》岐《ぎ》志《し》天津《あまつ》日高《ひこ》日子《ひこ》番能《ほの》邇邇芸《ににぎ》命《のみこと》=邇邇芸《ににぎ》命《のみこと》。この子を葦原中国に降ろすべきでしょうか」と申し上げた。以下ニニギノミコト=ニニギと書く。ニニギは、高木神（宇宙の始まりの時、天之御中主神の天地創造、万物生成に携わった神）の娘、万幡《よろずはた》豊《とよ》秋《あき》津《つ》師《し》比売《ひめ》命《のみこと》がお生みになった神であり、アマテラスの孫にあたる。アマテラスの天の神の孫=ニニギ=が降ったので天孫降臨と言われている。


アマテラスと高木神は、改めてこのニニギに葦原中国を治めるために天降りなさい、と命じた。ニニギが地上に天降ろうとした時、天空を照らし、葦原中国をも照らす神がいた。猿田彦である。そこでアマテラスと高木神は、天宇《あめのう》受《ず》売神《めのかみ》に、

「お前は弱い女であるが、神と向かい合った時に気後れしない。だからお前が行って、ニニギが天降ろうとする道にいるのは誰か、と尋ねなさい」と命じた。アメノウズメはアマテラスが

天の岩戸にお隠れになった時に、ものおじせず踊った神である。

すると立ちふさがった神は答えた。

「私は国つ神で、名は猿田毘古神《さるたびこのかみ》です。先導するためにお待ちしていました」

そこで、天児屋命《あめのこやね》、布刀玉命《ふとだま》（両神は天の香具山から枝ぶりの良い榊の最上枝に八咫鏡をとりつけた神）、アメノウズメ、伊斯許理度売命《いしこりどめ》（天の堅岩、天の金山の鉄をとり、八咫鏡を作った神）、玉祖命《たまのおや》（八尺勾玉を作った神）の五伴緒《いつとものお》をそれぞれの職業を分担させ、従わせて天降った。五伴緒の「伴」は世襲による同一職業の集団、「緒」はそれらの集団の長を意味する。いわゆる三種の神器にかかわった者たちを引き連れて天降った。神武天皇から今上天皇まで百二十六代、皇位のみ璽《しるし》、証である。この五柱は、アマテラスの天の岩戸隠れで登場した神である。


敷島が聖書の記述から、前回話したことの追加だから重複するかもしれないと、前置きして話しだした。

天孫降臨を文字通り天から降りてきたというのは荒唐無稽《こうとうむけい》、空想物語だろう。どこからか天的思想を携えた一団が渡来してきたとするのが妥当だろう。降臨のアウトラインを見ると、イエスの死と復活の内容とほぼ同じだ。十字架刑の磔を、木にかけると旧約に預言されている。

「もし、人が死刑に当たる罪を犯して殺され、あなたがこれを木につるすときは、……」（申命

記二十一章二十二節）
高木神は高い木、すなわち貴き木と言える。その木の上で息を引き取られたイエスは三日後、蘇ると預言されていた。それを信じていなかった弟子たちは物怖じして、嘆き悲しんでいた。しかしマグダラのマリアという以前に七つの悪霊を追い出してもらったマリアとヤコブの母マリヤとサロメが墓に駆けつけた。
古事記の中で、アマテラスと高木神に物怖じしないと語らせたアメノウズメは、イエスに悪霊を追い出してもらった方のマグダラのマリアではなかったか。天孫降臨時にニニギを導いた猿田彦の名にちなんで、アメノウズメの子孫である猿女君らの女性、猿女《さるめ》を墓に駆けつけたサロメとするのは、故事付だろうか。
彼女たちが墓につくと、見よ、まばゆいばかりの衣を着たふたりの人が、「あなたがたは、なぜ生きている方を死人の中で捜すのですか。……よみがえられたのです。」女たちは弟子たちのところに帰って、一部始終を報告した。

ニニギであるが、と敷島は天孫降臨の主人公ニニギについて話しだした。
アマテラスの長男、天の忍穂耳命《おしほみみ》の耳《みみ》の命の意味は、天降った国土を治める資格をもつミミは御身である。その子であるニニギは、ヘブル語ニン ナギイド（主権者の子）の意、またはニナギイド（宣言された主権者として）の意である。

詩篇第一巻、二篇は御子誕生の祝詞《のりと》である。イザヤ書七章一節にあるように、その当時のイスラエルの王レマルヤの子ペカが、アラムの王レツィンと一緒にユダ族の首都エルサレムを攻めた。ユダの王ダビデの王権をくつがえさんとした。アッシリヤ、バビロンもユダを倒そうとしていた。しかし詩篇の記者は、主なる神の保護を信じて疑わなかった。


なぜ国々は騒ぎ立ち、国民はむなしくつぶやくのか。

地の王たちは立ち構え、
治める者たちは相ともに集まり、
主と、主に油をそそがれた者とに逆らう。

「さあ、彼らのかせを打ち砕き、彼らの綱を、解き捨てよう。」

天の御座に着いておられる方は笑い。主はその者どもをあざけられる。

ここに主は、怒りをもって彼らに告げ、燃える怒りで彼らを恐れおののかせる。

「しかし、わたしは、わたしの王を立てた。わたしの聖なる山、シオンに。」

「わたしは主の定めについて語ろう。主はわたしに言われた。

『あなたは、わたしの子。きょう、わたしがあなたを生んだ。

わたしに求めよ。わたしは国々をあなたへのゆずりとして与え、
地をその果て果てまで、あなたの所有として与える。』

いかなる勢力いかなる圧政にもめげず戦いの末の敗北をものともせず、王国は守られるという約束の歌である。天の神がニニギを遣わして降臨させたところ、後の日本への約束である。魂にいのちの息吹を吹き込む道を伝える者たちの上陸を描いたものである。イエスが復活され、天に戻る直前に命令されたことばの実践である。

「わたしには天においても、地においても、いっさいの権威が与えられています。それゆえ、あなたがたは行って、あらゆる国の人々を弟子としなさい。そして、父、子、聖霊の御名によってバプテスマを授け、また、わたしがあなたがたに命じておいたすべてのことを守るように、彼らを教えなさい。見よ。わたしは、世の終わりまで、いつも、あなたがたとともにいます。」
(マタイ二十八章十八節~二十節)

ヘブル詩歌の研究を著した川守田英二氏は、次のように説く。
「天孫降臨の天降りを私は紀元前七一二年に指定した。インマヌエル預言を紀元前七三四年と見たから、インマヌエル王子は紀元前七三三年に生まれたことになる。そして天降った時は二

十一歳の青年であったが、日本へきてから結婚されたとすれば、ニニギ尊は日本で生まれた最初の主権者である。

インマヌエル皇子は十六歳の乙女から生まれたとすれば天照大神の天降った年齢は三十七歳でなければならない。

預言者イザヤは二十歳前後で結婚したとすればアマテラス大御神の三十七歳に二十年を加えて五十七歳、天降ったのは六十歳未満であったろう。」(『日本へブル詩歌の研究』下巻参照)

推察の真偽は闇の中であろうが、このような大胆な推測がされるところもまた大いに参考にされてしかるべきだと、敷島は言った。

ニニギノミコトは天之石位《あめのいわくら》(高天原にある石の御座)を離れ、天の八重《やえ》にたなびく雲を押し分け、かき分けかき分け、天の浮き橋にある浮島に立たれた。竺紫《つくし》の日向の高千穂の、くしふる嶺《たけ》に天降《あまくだ》られた。これはイスラエル民族が南北に分裂後、北イスラエルはアッシリヤに滅ぼされ、南イスラエルであるユダ王国もバビロンに滅ぼされる直前のことである。預言者のイザヤに神が語られた言葉である。

「誰を遣わそう。誰が、われわれのために行くだろう。」

と言っておられる主の声を聞いたので、イザヤは、言った。

「ここに、私がおります。私を遣わしてください。」（イザヤ書六章八節）

気の遠くなるような東の果て、海沿いの島々からなる場所である。日の上る国を目指して旅した模様を八重にたなびく雲を押し分け、道をかき分け、その目指した島々の一つにやっと到着した。イザヤその〝ひと〟でなかったかもしれない。イザヤの信仰を継承する神の意向を汲んだ軍団であったのかもしれない。彼らはバビロン幽囚に苦しんだ信仰者たちであったろう。エレミヤ、エズラたちは捕囚からユダヤの国へ帰還し神殿を再建した。しかし一方、自分たちの都エルサレムに帰らなかった信仰者たちもいたのである。エステルやモルデカイ、そのほかの者たちは帰らなかった。その者たちの方がはるかに多かった。ある者はそこに残り、ある者は離れた。バビロン滅亡後、彼らは、ほうぼうに散らばった。数十年前に東に向かって旅した北イスラエルのエフライムをリーダーとする者たちのうわさを聞いていた。北イスラエルの後を追って東漸した者たちを便宜上「東ユダヤ」と呼ぶが、のちの日本と呼ばれる国の日向に着いたのである。

時は流れて日向三代を経て神武天皇に至る、黎明期日本の壮大な物語である。天の神の信仰を胸中に秘めた国造りの開始である。

木花之佐久夜毘売《このはなのさくやびめ》

ここで佐伯が古事記のニニギに戻す。

ニニギは、笠沙之岬《かささのみさき》で麗しい乙女に出会った。一目ぼれである。

「あなたは誰の娘か」

「私は大山津見神《おおやまつみのかみ》の娘でございます」

「兄弟はいるか」

「姉の石長比売《いわながひめ》がおります」

ニニギが「私はあなたと結婚したいと思うが、どうか」と言うと

「私はお答えしかねます。どうか、父大山津見神に申し上げることにしましょう」

とのことで、さっそくニニギは、その父に結婚を申し入れた。

父は大いに喜び、姉もともに添えて、嫁入り道具を持たせて送り出した。ところがニニギは見目麗しい木花之佐久夜毘売を愛し、醜かった姉の方を送り返してしまった。

古事記は天皇の寿命について次のように記している。

姉妹を送り出した父、大山津見神は、石長比売だけが戻ってきたのを大いに恥じて言った。

「二人を差し出したのは、石長比売を側においていただければ、天つ神の御子の命は雪が降り、風が吹いたとしても、常に石のように変わらずに動きませぬように、また、妹の木花之佐久夜毘売を側において頂ければ、木の花が咲き栄えますようにとの願いをかけて送り出したのです。姉の石長比売を送り返されたのですから、今後天つ神の御子の命は木の花の散るようにはかな

いものになるでしょう」

それ以来、今に至るまで、天皇《すめらみこと》の命《いのち》は限りあるものになったという。神の命は永遠であるなら、御子も永遠に生きるはずであった。

これは何を言わんとしているのか。永遠の命を得る方法はあるのか。

しばらくして木花之佐久夜毘売は妊娠した。そしてニニギに言った。

「産むに際して、天つ神の御子は、私事《わたくしごと》としてこっそり産むべきではないと存じます」

するとニニギは、

「佐久夜毘売よ。たった一夜の交わりで妊娠したというのか。それはきっと、私の子ではない。国つ神の子であろう」と疑った。

「私のおなかのみ子が、もし国つ神のみ子ならば、産むときに不幸なことがおきましょう。天つ神の子ならばつつがなく生まれるでしょう」

と、言われて出入り口のない広い産屋、八尋殿（やひろどの—高い神聖な建物）をつくり、その中に入ると内側から土で塗りふさぎ、その御殿に火を放ち、燃える火の中で子を生んだ。その子の名を火照命《ほでりのみこと》。次に生まれた子が火須勢理命《ほすせりのみこと》。次に火遠理命《ほおりのみこと》またの名は天津日高日子《あまつひこひこ》穂穂手見命《ほほでみのみこと》という。

火照命は海の獲物をとる男で海幸彦、火遠理命は山の獲物を捕る男で山幸彦と呼ばれる。獲物をとる道具を交換してみようという話は、非常に興味深い。

上つ巻 十八、天と地の霊力を有する古代イスラエル、そして日本

天孫降臨後の実に不思議な話に移ろう。

山幸彦、海幸彦の物語から見てみよう。

ニニギと木花之佐久夜毘売《このはなのさくやびめ》の子に火照命《ほでりのみこと》である「海の獲物をとる男」いわゆる海幸彦と弟の火遠理命《ほおりのみこと》である「山の獲物をとる男」山幸彦がいた。

山幸彦が、「お互いに、獲物をとる道具を変えてみよう」と三度も求めたが許されなかった。しかしあまりにもしつこく求めるのでついに二人は交換した。この三度というのは熱心さの表明である。パウロ（イエスの使徒、新約聖書の多くを著した）も彼の書のひとつコリントの人への手紙第Ⅱ十二章に彼の切望を、次のように言っている。

「このことについては、これを私から去らせてくださるようにと、三度も主に願いました。しかし、主は、『わたしの恵みは、あなたに十分である。』」

このように、熱心さを表す言葉として、三度もということばが使われている。たとえ願いが

かなえられなくても、もうすでに十分に恵まれているのだと諭される。しかし、山幸彦の願いの場合はかなえられた。

借りた兄の釣り針で、魚を釣ろうとするが一匹も釣れないばかりか、兄の大切にしていた釣り針を海になくしてしまった。兄は返せと激しく責め立てた。困った弟の山幸彦は自分の十拳剣を打ち砕き五百本の釣り針を作り、償おうとした。しかし兄は受け取ろうとしない。さらに千本の釣り針を作った。それでも兄は「元の釣り針を返せ」の一点張り。海辺に座り込んで悩む山幸彦のところに潮の流れを司る塩椎神《しおつちのかみ》が現れ救いの手を差し伸べた。目が堅く詰まった竹籠《たけかご》の小舟を作り、山幸彦を乗せて言った。

「私がこの船を押し流すので、そのまま進みなさい。その先に良い塩路があるので、その道に乗っていけば、魚の鱗《うろこ》のように屋根をふいた宮殿、綿津見神《わたつみのかみ》（海神）の宮殿があります。門の傍らの井戸の上に桂の木があります。その木の上に座っていれば、海神の娘が何かと取り計らってくれることでしょう」

言われた通りにすると海神の娘の豊玉毘売《とよたまひめ》の侍女《じじょ》（召使の女）が現れた。侍女が水を汲もうとした時、山幸彦はその侍女に水を飲ませてほしいと願った。侍女が玉器《たまもい》（美しい器）を差しだすと彼はその水を飲もうとせず、自らの首飾りを解いて玉を口に含み、その玉器に唾と一緒に吐くと、玉器とくっついてとれなくなった。玉が侍女の主人の元に届けられ、自分が来たことを知らせてもらえると考えた。

侍女は玉器を豊玉毘売に差し出す。それを見た豊玉毘売が「もしや、門の外に誰がいたのですか？」と問うと、侍女は次のようにいきさつを話した。

「人がいました。海神と同じくらい、いやそれ以上の貴い方です。その方が水を欲しいと仰せになったのに、私は水を差し上げたのですが、水をお飲みにならずに、この玉を吐き出されたのです。すると玉器とくっついて離れなくなってしまいました。ですからそのまま持ってきました」

豊玉毘売が父の海神に「門の所に麗しい方がいらっしゃいました」と言うと、海神は門の所へ出ていき、驚いた様子で「この方は天津日高《あまつひこ》の御子の虚空津日高《そらつひこ》ではないか」と言った。

海神は早々と山幸彦が天つ神の御子であることを見抜いたのだった。山幸彦と豊玉毘売とはすぐに結婚し、三年の間この国に住んだ。

稗田阿礼の記憶の中に残っていた神話が、新約聖書の福音書の中にある。

一つはイエスが宣教を開始し、弟子たちを召された時の箇所だ。

イエスは「あなたがたを、人間をとる漁師にしてあげよう」と言われた。漁師に必要な道具は「釣り針」である。山幸彦が人をとる釣り針の使用方法を稗田阿礼は事細かにその話に織り込んだと考えられる。

古事記が書かれたのは七一二年。その六百年前の九〇年ごろ新約聖書の福音が日本に持ち込まれたと考えられる。人から人への伝承がなされ古事記に織り込まれた。六百年という年月の長さを考えると、今から振り返ってみるとわかる。西暦一四〇〇年と言えば室町時代、一四一九年は応永《おうえい》の外寇《がいこう》である。その上文字が確立されていない背景を考えるとどれほど伝承に尾ひれがついたか想像に難くない。

ちなみにザビエルが日本にもたらしたというキリスト教とは、カトリックの教えと伝統であり、聖書そのものの教えではない。しかし押さえておかなければならないことは、ザビエルの宣教によってイエスの十字架の死とよみがえりを信じた信者の素朴な信仰と殉教は心して受け止めねばならないし尊ばねばならない。

それはヨハネによる福音書四章だ。三節「主（イエス）はユダヤを去って、またガリラヤへ行かれた。しかし、サマリヤを通って行かなければならなかった。」

「それで主は、ヤコブがその子ヨセフに与えた地所に近いスカルというサマリヤの町に来られた。そこにはヤコブの井戸があった。イエスは旅の疲れで、井戸のかたわらに腰をおろしておられた。時は第六時ごろであった。ひとりのサマリヤの女が水をくみに来た。イエスは『わたしに水を飲ませてください。』と言われた。」

「山幸彦はその侍女に水を飲ませてほしいとお願いした。水を差しだすと彼はその水を飲もうとせず、自らの首飾りを解いて玉を口に含み、その玉器に唾と一緒に吐くと、玉器とくっついてとれなくなった」と表現したのはまさにこのことであろう。福音書は次のように記している。「『わたしが世にいる間、わたしは世の光です。』イエスは、こう言ってから、地面につばきをして、そのつばきで泥を作られた。そしてその泥を盲人の目に塗って言われた。『行って、シロアム（訳して言えば、遣わされた者）の池で洗いなさい。』

そこで、彼は行って、洗った。すると、見えるようになって、帰って行った。」（ヨハネ九章五〜七節）

ここで唾と泥で作られている玉器をくっつけた山幸彦とイエスの奇跡とが重なって見える。さらにイエスがサマリヤの女から水を飲まれたとの記述はない。山幸彦も飲まなかった。

「弟子たちは食物を買いに、町へ出かけていた。そこで、そのサマリヤの女は言った。『あなたはユダヤ人なのに、どうしてサマリヤの女の私に、飲み水をお求めになるのですか。』——ユダヤ人はサマリヤ人とつきあいをしなかったからである。イエスは答えて言われた。『もしあなたが神の賜物を知り、また、あなたに水を飲ませてくれと言う者がだれであるかを知っていたなら、あなたのほうでその人に求めたことでしょう。そしてその人はあなたに生ける水を与えたことでしょう。』彼女は言った。『先生。あなたはくむ物を持っておいでにならず、この井戸は深いのです。その生ける水をどこから手にお入れになるのですか。あなたは、私たちの先祖ヤコブよりも偉いのでしょうか。ヤコブは私たちにこの井戸を与え、彼自身も、彼の子たちも家畜も、この井戸から飲んだのです。』イエスは答えて言われた。『この水を飲む者はだれでも、また渇きます。しかし、わたしが与える水を飲む者はだれでも、決して渇くことがありません。わたしが与える水は、その人のうちで泉となり、永遠のいのちへの水がわき出ます。』女はイエスに言った。『先生。私が渇くことがなく、もうここまでくみに来なくてもよいように、その水を私に下さい。』

イエスは彼女に言われた。『行って、あなたの夫をここに呼んで来なさい。』女は答えて言った。『私には夫はありません。』イエスは言われた。『私には夫がないというのは、もっともです。あなたには夫が五人あったが、今あなたといっしょにいるのは、あなたの夫ではないからです。あなたが言ったことはほんとうです。』

女は言った。『先生。あなたは預言者だと思います。私たちの父祖たちはこの山で礼拝しましたが、あなたがたは、礼拝すべき場所はエルサレムだと言われます。』

イエスは彼女に言われた。『わたしの言うことを信じなさい。あなたがたが父を礼拝するのは、この山でもなく、エルサレムでもない、そういう時が来ます。救いはユダヤ人から出るのですから、わたしたちは知って礼拝していますが、あなたがたは知らないで礼拝しています。しかし、真の礼拝者たちが霊とまことによって父を礼拝する時が来ます。今がその時です。父はこのような人々を礼拝者として求めておられるからです。神は霊ですから、神を礼拝する者は、霊とまことによって礼拝しなければなりません。』

女はイエスに言った。『私は、キリストと呼ばれるメシヤの来られることを知っています。その方が来られる時には、いっさいのことを私たちに知らせてくださるでしょう。』

イエスは言われた。『あなたと話しているこのわたしがそれです。』

このとき、弟子たちが帰って来て、イエスが女の人と話しておられるのを不思議に思った。しかし、だれも、『何を求めておられるのですか』とも、『なぜ彼女と話しておられるのですか』とも言わなかった。

女は、自分の水がめを置いて町へ行き、人々に言った。『来て、見てください。私のしたこと全部を私に言った人がいるのです。この方がキリストなのでしょうか。』

そこで、彼らは町を出て、イエスのほうへやって来た。そのころ、弟子たちはイエスに、『先生。召し上がってください。』とお願いした。

しかし、イエスは彼らに言われた。『わたしには、あなたがたの知らない食物があります。』

そこで、弟子たちは互いに言った。『だれか食べる物を持って来たのだろうか。』

イエスは彼らに言われた。「わたしを遣わした方のみこころを行い、そのみわざを成し遂げることが、わたしの食物です。あなたがたは、『刈り入れ時が来るまでに、まだ四か月ある』

と言ってはいませんか。さあ、わたしの言うことを聞きなさい。目を上げて畑を見なさい。色づいて、刈り入れるばかりになっています。すでに、刈る者は報酬を受け、永遠のいのちに入れられる実を集めています。それは蒔く者と刈る者がともに喜ぶためです。こういうわけで、『ひとりが種を蒔き、ほかの者が刈り取る。』ということわざは、ほんとうなのです。わたしは、あなたがたに自分で労苦しなかったものを刈り取らせるために、あなたがたを遣わしました。ほかの人々が労苦して、あなたがたはその労苦の実を得ているのです。』

さて、その町のサマリヤ人のうち多くの者が、『あの方は、私がしたこと全部を私に言った。』と証言したその女のことばによってイエスを信じた。」（ヨハネ四章三十九節まで）

ここでサマリヤの女は町に戻りイエスのことを町中の人に話している。山幸彦に出会った侍女も豊玉毘売に玉がついた器を持ち帰る、豊玉毘売は山幸彦を一目で好きになる。サマリヤの人々もイエスを信じるのである。

四章四十節から、再び福音書を引用すると、

「そこで、サマリヤ人たちはイエスのところに来た時、自分たちのところに滞在してくださるように願った。そこでイエスは二日間そこに滞在された。そして、さらに多くの人々が、イエスのことばによって信じた。そして彼らはその女に言った。

『もう私たちは、あなたが話したことによって信じているのではありません。自分で聞いて、この方がほんとうに世の救い主だと知っているのです。』

さて、二日の後、イエスはここを去って、ガリラヤへ行かれた。イエスご自身が、『預言者は自分の故郷では尊ばれない』と証言しておられたからである。」（四十四節まで）

サマリヤの人々は直接イエスに出会い、自分で聞いて、この方こそ世の救い主であることを知った。古事記では豊玉毘売は父の海神に「門の所に麗しい方がおられました」と告げると、海神は自ら門の所に出向き、驚いて「この方は天津日高《あまつひこ》の御子の虚空津日高《そらつひこ》ではないか」と言ったと記している。サマリヤの人々はイエスに留まってほしいと願った。ユダヤ人がさげすむサマリヤの人々と、イエスは二日間も滞在したと福音書の記者が書いている。古事記では山幸彦は大歓迎を受け豊玉毘売と結婚した。その後三年も住んだと記す。イエスが神の国の福音のために働かれたのは、サマリヤ伝道からおよそ三年の間だった。その後ユダヤの地を巡り十字架にかけられた。

この火遠理命（山幸彦）は海の神の宮殿に入り、その娘と結婚し、子を授かる。その孫が日本の初代となる神武天皇である。葦原中国《あしはらのなかつくに》の統治者としての血統の根源がここにある。こうして日本が始まった。それが東の国、地の果ての島々からなる日本国の黎明である。海の底での国というおとぎ話のような物語の中で、遠い海沿いの国に辿り着いた様子を「潮の流れを司る」と表現している。神の塩椎神すなわちイエスが約束された聖霊なる神の導きによって、後に日本となる国に荒海を越え導かれるという意味である。二千六百七十九年前、神武天皇即位に到る創国記ドラマがここに見てとれる。潮の流れとは聖霊の働きによる流れと考えれば突拍子ないことでもなく、空想でもない。山幸彦の教えを祖父母に戴く神武天皇即位の血統は、霊的永遠の世界に通じる天の御国の物語だ。天つ神がおられたところからの旅の果ての日本の建国、祖父母の国イスラエルの行く末の記録として記された救いの物語、それが古事記となり私たちの祖国に存していると見てはどうだろうか。

古事記と新約聖書の関連に耳を傾けている純子に、君江が声をかけた。

「若いのによく聞いているのね。古事記の本当に意味しているところにはいろんな考えもあるでしょうね。日本人のルーツを模索するうえで、聖書から捉えようとしていることは、私も興味があるのよ。ロマンは男の人だけのものではないわよね」

山幸彦海幸彦の物語が福音書に書かれているものと基本ラインが同じことに、不思議以上の何かを純子は感じた。

ニニギの系図とヤコブの系図が酷似していることを思い出させようと、敷島が説明を加えた。

アブラハムとサラにイサクが生まれ、イサクの妻リベカにエサウとヤコブの双子が生まれた。エサウのかかとをつかんですぐにヤコブが生まれた。そのヤコブは美しいラケルを愛する。そしてヨセフが生まれる。ラケルの姉のレアにも子は生まれる。イスラエルの南北分裂後、北イスラエルのリーダーとしてエフライム族が立つ。その後何代かしてベリア、そして何代かして荒野の旅の後、乳と蜜の地カナンに入る。その指導者としてモーセの跡を継いだのが、エフライム族出身のヨシュアである。

一方日本創世であるが、アマテラスと高木神は太子（皇太子）正勝《まさかつ》吾《あ》勝勝速《かつかちはや》日天忍《ひあめのおし》穂耳命《ほみみのみこと》に葦原中国に国を治めよと詔を出す。ニニギの天孫降臨は前述した。ニニギも美しい木花之佐久夜毘売を選ぶ。その子山幸彦は苦しい体験をする。同じく苦しい試練を受けるヨセフと重なる。ヨセフの子は異邦人エジプト人の母から生まれたエフライムである。エフライム族出身のヨシュアは、約束の地カナンを征服する。また、ウガヤフキアエズから日本を征服する神武天皇が生まれている。時代の流れの中で何人かの人物が挿入されるが、流れは次のようになる。

アブラハム↓イサク↓ヤコブ↓ヨセフ↓

エフライム↓↓↓ベリア↓↓ヨシュア↓北イスラエルの王統

アマテラス↓正勝吾勝勝速日天忍穂耳命↓ニニギ↓山幸彦↓

ウガヤフキアエズ⬇神武天皇⬇皇室

前述したとおりこれは北イスラエル系である。エフライム（ヨセフ）の長子の権利である。君たる者としてはユダから出ると約束がされている。ユダは兄弟たちにまさる者となる。これは歴代誌I五章一～二節の預言である。ユダとヨセフの弟ベニヤミンは南イスラエルとなり今から二千年前にユダヤ人の王としてイエスが誕生した。それがクリスマスである。君たる者イエスはすでに二千年前に生まれ、聖書預言は成就している。残りの預言成就はこれから始まる歴史の中ですぐにやってくる。

そこに日本が関係している。

佐伯が今日の締めくくりを、と火照命「海の獲物をとる男」いわゆる海幸彦と火遠理命（山幸彦）から神武天皇に至るまでを話し始めた。

山幸彦は宮殿で貴い人として大切にされた。三年が過ぎたある日、山幸彦はため息をつく。豊玉毘売は心配し、この三年の間一度もため息などついたことがなかったのになぜ、と聞くと、兄の釣り針を失くし、元の釣り針しか受け取らないと責め立てられていると話した。

すると海つ神は大小のすべての魚を呼び集め、釣り針を取ったものはいないかと聞いた。赤鯛《あかだい》の喉《のど》に棘《とげ》が刺さり、餌が食べられないとわかり、喉を調べたところ釣り針が引っかかっていた。

海つ神は山幸彦に、釣り針を兄に返す時、「この針は心クシャクシャする針、心落ちつかぬ針、貧しくなる針、のろまになる針と言い、うしろ向きで渡しなさい」と教えた。

さらに「兄が高い土地に田を作ったならば、あなたは低い土地に田を作りなさい。兄が低い土地に田を作った時は、あなたは高い土地に田を作りなさい。そうすれば、私は水を支配している神だから、三年の間に、兄は必ず貧しくなるでしょう。もし兄が攻めてきたなら、塩盈珠（しおみつたま＝海を満潮にする力をもった玉）を出して溺れさせ、もし苦しんで助けを求めたら、塩乾珠（しおふるたま＝海を干潮にする力をもった玉）を出して水を引かし助けてやりなさい。悩んで反省させておやりなさい」と言ってふたつの珠を授けた。海のすべての和邇《わに》（鰐）たちを呼び、日の神のみ子、虚空津日高が陸上の国に帰る日数を尋ねた。

鰐たちは、それぞれ自分の身の丈に合った日にちを考えて答えると、一尋《ひとひろ》和邇が一日で送ることができると言った。そこで「お前が送って差し上げよ。海を渡る時、怖がらせてはならない」と告げ、山幸彦をその背中に乗せて送り出した。一日で送り終え和邇が帰ろうとした時、山幸彦は腰につけていた紐小刀を解き和邇の首に着けて返した。だから、この一尋和邇のことを、今も佐比持神《さひもちのかみ》、鋭い刃のような歯をもった神と言われている。佐比とは、鋭い刀という意味である。

山幸彦が帰ると、すべて海の神の教え通りのことが起こり、教えられた通りのことをした。

後ろ向きで釣り針を返し、海幸彦は魚を獲れず、田んぼの稲も実らず、貧しくなり、心は荒れすさみ、山幸彦のせいだと恨んで攻めてきた。しかし塩盈珠をかざすと海幸彦は溺れそうになった。苦しんで助けを求めてきたそのたびに山幸彦は玉をかざして助け出す。ついに海幸彦は「私はこれから、あなたさまの御殿を昼夜問わず警護します」と頭を地につけてお辞儀をした。

このようにして、山幸彦である火遠理命はニニギの跡を継ぐ。そして海幸彦は宮殿を守護するようになった。

敷島はこの山幸彦の物語の中に、ヤコブの子ヨセフが通過した試練を見ると言う。ヨセフは兄たちにいじめられ、遠いエジプトの地で牢獄に入れられる。兄たちが助けを求めてきた時に、報復せずに助けの手を差し伸べた。ヨセフは苦しさの中にあっても、神の恵みを受けていたと聖書は記す。山幸彦が兄たちを助けるときに後ろ向きになって釣り針を返したとあるが、ヨセフは尋常なやり方で兄たちを助けたのではなかった。そのあたりのことは、創世記四十二章以降に記されている。それは実に不思議な方法で兄たちを助けている。

たとえば四十二章六節に、その時ヨセフは王に次ぐエジプトの権力者であり、すべての人々に穀物を売る者となっていた。ヨセフの兄弟たちはやって来て、顔を地につけて彼を伏し拝んだ。弟のヨセフが権力者になっていたことなど知る由もなかった。ヨセフが兄たちを助けるその方法は実に不思議なやり方を取ったことなど、まるで後ろ手で物事をなしていくようである。

それ以降のヨセフのことは、自分たちで読んでくださいと勧めた。

そのヨセフがイエスのタイプであることは日曜学校（サンデースクール）のクラスで、幸太郎は学んだことがあった。恨みを愛でお返しするその行為に深く感銘を受けた。その秘訣は山幸彦が塩盈珠と塩乾珠をいただいたように、イエスのことばである聖霊をいただくことだと心に刻んだ。

「わたしが去って行くことは、あなたがたにとって益なのです。それは、もしわたしが去って行かなければ、助け主があなたがたのところに来ないからです。しかし、もし行けば、わたしは助け主をあなたがたのところに遣わします。」（ヨハネ福音書十六章七節）

助け手がなければ、心クシャクシャする針、心落ちつかぬ針、貧しくなる針、のろまになる針となる。そんな針であっては、人をとる漁師になどなれない。だから常套手段の逆手、すなわち、人の方法でない神さまの方法ともいうべきイエスの御霊（神産日神＝カムムシュハ・ヘブル語で霊なる神）でなければならない。その教えを古事記からも学んだ。

佐伯が古事記から物語を挿入した。

ある日、海の神の娘、豊玉毘売が訪ねてきて妊娠を告げた。天の神のみ子を海で生むべきでないと考え上って来られ、波打ち際に鵜の羽根を屋根にした産屋を建てた。その屋根が葺き終わらぬうちに豊玉毘売は産気づく。産屋に入る前に夫の山幸彦に言った。すべて海の底に住むものは、元の姿になって子を産む。お願いだから私をご覧にならないでと。しかし、山幸彦は秘かに見てしまう。

なんと豊玉毘売は八尋和邇の姿になり這いまわっていた。驚いた山幸彦は逃げてしまう。覗《のぞ》かれた豊玉毘売は恥ずかしく思い、み子を置いて、海と地上との境である海坂《うなさか》を塞《ふさ》いで海神の世界へ帰ってしまった。

この時に生まれた子が、渚で鵜の葺草《かや》を葺《ふ》き合える前に生まれたので、天津日高日子波限建《あまつひこひこなぎさたけ》鵜葺草葺不合命《うかやふきあえずのみこと》という。

豊玉毘売は、覗かれたことを恨めしく思いながらも夫の山幸彦を恋しく、自分が生み残してきたみ子の養育を妹、玉依毘売《たまよりびめ》に託し、歌を献上する。

赤玉は　緒さへ光れど　白玉の
君が装し《よそひ》　貴くありけり

赤い玉は、その通している緒さえも赤く　光り映えて華やかです。
しかし、白玉（真珠）のようなあなた様のお姿こそ　高貴で美しく、慕わしい。

この歌に、夫の君が答えて

沖つ鳥　鴨著《かもど》く島に　わが率寝《ゐね》し
妹は忘れじ　世のことごとに
　鴨が降り立つ沖の島で　ともに寝た愛しい妻のことは
　決して忘れはしないだろう

妻は悲しい寂しい境遇にあっても、夫の姿を慕い、誉めことばの歌を記し、夫は妻への思慕を歌う。これは只の歴史書などではない。古事記は夫婦の情愛や心の機微を歌に記した書である。

敷島はその典型的な歌を聖書から挙げた。詩篇、雅歌、ダビデ王の歌などがあると。

わたしの目には、あなたは高価で尊い。
わたしはあなたを愛している。
だからわたしは人をあなたの代わりにし、

国民をあなたのいのちの代わりにするのだ。（イザヤ書四十三章四節）

私は、夜、床についても、
私の愛している人を捜していました。
私が捜しても、あの方は見あたりませんでした。（雅歌三章一節）

山幸彦＝火遠理命、またの名を天津日高日子穂穂手見命は、高千穂の宮に五百八十年住まわれた。神話として笑いとばしてはならない。初代神武天皇の祖父にあたる人物という意味合いからして、聖書が記す年齢を参考にするならば、数百歳というのはざらにある。

「アダムは、百三十年生きて、彼に似た、彼のかたちどおりの子を生んだ。彼はその子をセツと名づけた。アダムはセツを生んで後、八百年生き、息子、娘たちを生んだ。アダムは全部で九百三十年生きた。こうして彼は死んだ。」

とあり、最年長の人メトシェラは、聖書に次のようにある。

「メトシェラの一生は九百六十九年であった。こうして彼は死んだ。」

ノアの年齢の記述を見ると次のようにある。

「レメクはノアを生んで後、五百九十五年生き、息子、娘たちを生んだ。……ノアが五百歳になった時、ノアはセム、ハム、ヤペテを生んだ。……ノアの生涯の六百年目の第二の月の十七日、その日に、巨大な大いなる水の源が、ことごとく張り裂け、天の水門が開かれた。」これがノアの洪水である。「ノアは大洪水の後、三百五十年生きた。ノアの一生は九百五十年であった。こうして彼は死んだ。」

話は古事記から多少逸れるかもしれないがと敷島は言って、寿命に関する年齢の秘話を語り出した。

古事記にも聖書にも今では考えられないほどの長命があることを幸太郎は、不思議に思っていた。純子も信じられないと思った。しかし敷島の解説が事の真相を説くのである。

まずノアと洪水以後の人々についてである。

ノアには三人の息子がいた。セム、ハム、ヤペテである。現在知られている人種は一般に三種類である。

大洪水の時箱舟に乗ったのはノアとその妻、および彼らの息子セム、ハム、ヤペテとその妻たちの計八人だった。現在の人類はすべて彼らの子孫であり、すべての民族はセム、ハム、ヤペテの三人を先祖として枝分かれたしたことになる。「民族」とか「人種」といえば、「黄色人種、黒色人種、白色人種」という分類だ。「モンゴロイド、ニグロイド、コーカソイド」の別名でもある。

では、簡単に「セムは黄色人種の祖先、ハムは黒色人種の祖先、ヤペテは白色人種の祖先」と言えるかどうか疑問はあるが、おおよそ白色人種（白人）はヤペテ系、黒色人種（黒人）はハム系と言えるかもしれない。セム系とは日本人を含み、イスラエル民族は当然その部類である。詳しくは創世記の十章にある。

さて、年齢と洪水前の地球の環境についての話である。

神は原始の地球を今の環境とは全く違ったものとして創造された。長寿が可能であったということの理由もそこにある。創世記の一章一節二節を読めばわかる。「初めに神が、天と地を創造した。地は形がなく、何もなかった。やみが大いなる水の上にあり、神の霊は水の上を動いていた。」これが最初の状態であった。

二日目の創造のとき、大いなる水のことを記す。「ついで神は『大空よ。水の間にあれ。水と水との間に区別があるように。』と仰せられた。こうして神は、大空を造り、大空の下にある水と、大空の上にある水とを区別された。するとそのようになった。」（一章六、七節）、これが二日目である。

最初にあった「大いなる水」は水蒸気、大空の上の水、そしてその下に大空、またその下にある大空の下の水が地球を取り巻く環境であった。

構図はこうだ。大空の上にある水、そして大空に含まれている水（水蒸気）そして海の水。

大空の上の水（水蒸気）
1

大空の中にある水(水蒸気)
2

大空の下の水（海）
地球にある水
3

1の水は雲ではない。大空の上にあったとある。膨大な水蒸気層があった。ノアに神が洪水を予言したその水が降り注いだのである。現地球は2と3の水しかない。

聖書の文学的表現はその恐ろしさを次のように表現している。

「神がノアに命じられたとおり、雄と雌二匹ずつが箱舟の中のノアのところにはいって来た。それから七日たって大洪水の大水が地の上に起こった。ノアの生涯の六百年目の第二の月の十七日、その日に、巨大な大いなる水の源が、ことごとく張り裂け、天の水門が開かれた。そして、大雨は、四十日四十夜、地の上に降った。」

水の源が張り裂けたとは、大空の上にあった水は、透明な袋のような入れ物の中にあってその底が張り裂けたのだろう。天の水門とはなんという詩的表現だろうか。その時代の人たちの罪の刃《やいば》が突き刺さったのだろうかと、純子は思った。

水蒸気は白い色をしていない。水蒸気が外気に触れて冷え、小さな水滴に戻ったものが白く見えているにすぎず、水蒸気自体は気体であって無色透明である。ゆえに太陽からの可視光線をよく通す。また水蒸気は気体より軽く、水蒸気層は安定して存在する。その証明は、プテラノドンの翼の幅は十メートルもあったにもかかわらず、飛ぶことができた。なぜなら、洪水前の気体が水蒸気層のために現在の約二倍もあったのである。また、暖かかったということも言える。地球全体がビニールハウスの中のようなものであった。現在の地球環境とは全く違ったものであったという説明はここまでにしたい。結局、人間は長生きできる環境にいたということなのである。

太陽光即ち可視光線、紫外線、赤外線、ガンマ線、エックス線等々は分厚い水蒸気層を通して地表に注がれていた。そのため人間に有害な光線はすべて水蒸気層が遮断してくれた。人類の罪がその遮断層を破壊したのである。ゆえに人類の寿命は次第に短くなっていった。

聖書は洪水以降の人の命がいかに短くなっていったかを克明に記す。

「これはセムの歴史である。セムは百歳のとき、すなわち大洪水の二年後にアルパクシャデを生んだ。セムはアルパクシャデを生んで後、五百年生き、息子、娘たちを生んだ。アルパクシャデは三十五年生きて、シェラフを生んだ。アルパクシャデはシェラフを生んで後、四百三年生き、息子、娘たちを生んだ。シェラフは三十年生きて、エベルを生んだ。シェラフはエベルを生んで後、四百三年生き、息子、娘たちを生んだ。」

数代とばすことにして、アブラハムの父にいくと、

「テラは七十年生きて、アブラムとナホルとハランを生んだ。……テラの一生は二百五年であった。テラはハランで死んだ。」（創世記十一章）

アダム以降の人の寿命と、ノア以降の人との寿命の違いは歴然である。古事記にも現在では考えられない長寿を書き記しているが、根も葉もないと考えるのは早計である。ただのおとぎ話と捉える向きは多いが、聖書の意味するところに鑑み、神話の秘めたる意味を考えるようにすべきだと敷島は戒めた。山幸彦が五百八十年生きたというのは数え方に問題があるとするのもひとつの解釈かもしれない。今の常識を絶対視するからである。歴代天皇も長寿であり神武天皇は百三十七歳、崇神《すじん》天皇百六十八歳、垂仁《すいにん》天皇百五十三歳、孝安天皇百二十三歳などである。しかし神武天皇の次の綏靖《すいぜい》天皇になると、四十五歳での崩御である。その深意は理性と魂に触れる捉え方をするのが寛容であるとは、敷島の弁である。

だからと言って敷島は山幸彦の五百八十歳、神武天皇の百三十七歳の意味しているところは、

と問われても長寿の祝福、良き人生を送られたと解釈するしかないわと付け加えた。

さて、佐伯はいよいよ神倭伊波礼毘古命《かむやまといわれびこのみこと》初代天皇直前、古事記上つ巻き最終章へいく。

神武天皇の父は、渚で鵜の葺草を葺き合える前に生まれたが、母の妹（叔母）である玉依毘売と結婚し四柱の神を生む。長男が五瀬命《いつせのみこと》、次に稲氷命《いなひのみこと》、次に御毛沼命《みけぬのみこと》そして若御毛沼命《わかみけぬのみこと》である。

御毛沼命は波の穂を超えて常世国《とこよのくに》に渡り、稲氷命は母の国である海原に行ってしまう。常世とははるか遠い国、永遠の国と考え、海とは、命を生み出すところと考えられるが、歴代の先祖たちが過ごした国へ帰って行ったと考える方が自然であろう。日本の国を統《す》べ治めるために残り苦難の道を選んだのが、長男と末の神のみ子であった。五瀬命と若御毛沼命である。

この最後にお生まれになったミコトのまたの名を、豊御毛沼命《とよみけぬのみこと》と言う。またの名を神倭伊《かむやまとい》波礼毘古命《われびこのみこと》、即ち日本神話の最高神とされる天照大神の末裔である。神武天皇の在位中は「ハツクニシラススメラミコト」と呼ばれていた。古事記、日本書紀などでは天皇とは読まず、「すめらみこと」が当時の呼ばれ方であった。

天つ神のアマテラスからの系図の流れを見ていくと、ニニギが地上の山の神の娘木花之佐久夜毘売と結ばれ、火遠理命（山幸彦）が生まれている。山幸彦は、地球の海の神の娘である豊玉毘売と結ばれ、ウガヤフキアエズが生まれている。そしてまた、母の妹の玉依毘売と結婚して若御毛沼命が生まれている。天の神の系統と地球の山と海の神との和合によって、私たちの国日本が形成されていく様は、アメノミナカヌシの天の神の御心とタカミムスヒの日本国への思いとが、見事にひとつとなっていく様相を表している。

アマテラス⬇天忍穂耳命⬇ニニギ⬇火遠理命（山幸彦） ⬇ウガヤフキアエズ⬇若御毛沼命

神倭伊波礼毘古命（神武天皇）は天照大神と須佐之男命の男系の男子である。天地の初発で成った別天神の高御産巣日神の系統を受け継いでいる。その上に海の神、山の神の系統も継承している。日本は世界を統治する正当性と、天と地の霊力双方を有していることになる。神の選民、古代イスラエル民族の歴史を聖書から読み解いてきた。するとイスラエル民族離散後の再建が見えてくる。シルクロードを経て日出るところに辿り着き、再生した民族としての壮大な歴史ドラマの新たなる始まりと見てとれるんじゃないか……と敷島は熱を込めた。

「今日はこれくらいで、一緒に夕飯でもいかがですか」

「君江さん、ありがとう。明日の準備もあるし、今日は帰るとするわ」

幸太郎も純子も、敷島と一緒に佐伯の家を後にした。


外はすっかり暗くなっていた。

街灯の明かりを頼りに駅までの道を歩いた。

「詩篇の中に『あなたのみことばは、私の足のともしび、私の道の光です。』って書いてあるけど、今はこの街灯が道の光だね」

幸太郎の言葉に純子がくすっと笑った。


幸太郎は家に帰ってから加地に電話した。

ダビデは逃げて孤独の中にいた。大穴牟遅も穴に落ち込んだ。加地もきっと苦しみの中にいるだろう。

「この前、教会に行ってみたいと言ったろ。明日の日曜じゃなく、その次の日曜日はどうだ」

加地を連れていく前に、まずどんな感じなのか自分で確かめたかった。「丁度よかった、明日は予定があるんだ。次の日曜日なら行けるよ」意外に元気な声だった。

次の日は日曜日、さっそく幸太郎と純子は敷島の「家の教会」に初めて足を運んだ。

十一時開始の十五分前だったが、すでに五、六人が椅子やソファーに座っていた。敷島が皆に幸太郎と純子を紹介した。

「先週はどんな週でしたか？」

「別に変わったことはありません」

「それが一番」

と誰言うともなく声がする。かしこまった儀式やプログラムもない。幸太郎は形式的な礼拝とは違う雰囲気に内心ほっとした。讃美歌を歌うでもなく、黙禱《もくとう》の要請もない。

「今日は新しく来られた二人に信仰をもった時のことを話してもらいましょうか」

お互いの顔を見て、ここは教会であったと今更ながら思った。純子は、佐伯の家での古事記の話と、罪の赦《ゆる》しが出発点になったことを話した。幸太郎は大学生の時友人に誘われ初めて教会に行ったこと、今もそこに集っていることを話した。

それから佐伯が短く祈り、敷島が三十分ほど聖書からのメッセージをした。

イエスとの交わりに入れられたこと、その他のことは枝葉であると数ヶ所の聖書を引用した。

とくに旧約聖書の人物ダビデ王がウリヤの妻バテ・シェバと寝て、ウリヤを激戦地に赴かせ殺した罪を悔いた詩篇五十一篇に、純子は感動を覚えた。

キリスト教会というところが形式や伝統を大切にするのはわかる。しかしそれ以上のものがここにはあると思った。このような集会があることを初めて知った。

幸太郎は集いが終わってから、初めて参加した感想を述べた。

「敷島さん、会社の同僚も行ってみたいと言うんです。連れて来てもいいでしょうか」

「もちろんですとも」


純子は、アマテラスが須佐之男命の暴挙を赦したこと、十字架につけた者たちを赦すイエスの祈り、またダビデの悔い改めの詩篇に感動したことなどを帰り道に幸太郎に話した。

敷島の妻は、皆が帰って湯飲み茶わんの後片付けをしているときに、「こんな家の教会が百万軒できれば様変わりするだろうな。日本の文化と温故知新が秘訣やけど」


一週間があっという間に過ぎた次の日曜日、加地を加えて三人で敷島の家を訪ねた。幸太郎はいつも行っている教会を続けて休んだ。牧師の説教を一方的に聞くだけではなく、自分の考えや日頃感じたことを分かち合える集いの方に鮮明さを感じた。

大きな西洋風の会堂ではなく小さな家の教会と聞いた時、加地は、むしろホッとした。出席者の男性たちが握手して迎えてくれた。ある男性が知的障害や身障者を支援する仕事で、共に働く人の少なさを訴えた。コーヒー豆の選定をする彼らの懸命な働きぶりに感銘を覚えると話した。ある主婦は夫に尽くせば尽くすほど自分ではない思いに駆られる、と悩みを打ち明けた。佐伯が祈ろうと声をかけた。初めて聞く祈りに加地は、俺には真似できないと思いながら、目を閉じている自分が自分でないような不思議な感覚が交錯した。

その日の敷島の話は、自分に向かって語られているのではないかと加地には思えた。

「あなたの宝のあるところに、あなたの心もあるからです。からだのあかりは目です。それで、もしあなたの目が健全なら、あなたの全身が明るいが、もし、目が悪ければ、あなたの全身が暗いでしょう。」イエスのことば、マタイの福音書からであった。

霊的な視力とは、神が私たちにこの世で何をして欲しいのかはっきりと見える力のことです。その視力はいとも簡単に鈍る。イエスの犠牲は必要な犠牲であった。しかし人間の犠牲とは不要な犠牲である。他者のための犠牲は不必要です。多くの場合、人を恐れるゆえの犠牲だからです。人のための犠牲となり、尽くそうとする人は疲れます。がんばってやってきたのに満足感がない、喜びや平安がないのは心の目が曇っているのです。

最後に敷島は締めくくった。人は自分の足の裏を見ることができる。しかし自分の頭のてっぺんは見ることができない。

帰り道、加地が突然幸太郎に告げた。

「俺、仕事辞めるのをやめるわ」

幸太郎は驚いて聞いた。「どうした、何があった」

加地は、敷島の話を聞いて、今までの自分の考え方が間違っていたこと、人のためと思っていたことが本当は自分のためだった、だから喜びがないことがよくわかった。そして「おまえのおかげだよ」と言った。

幸太郎は「すべて、疲れた人、重荷を負っている人は、わたしのところに来なさい。わたしがあなたがたを休ませてあげます。」というイエスの言葉を思い出していた。

純子が家に帰ると父が封筒をテーブルの上に置きながら言った。

「同窓会で三十数年ぶりで鈴木に会ってね。それ以来時々会って話すうちに君のお嬢さんと自分の息子を会わせてみたいと、わざわざ写真を持って来てくれてね。写真だけなんだけど」

鈴木はまず純子が気に入ったらということで息子には内緒らしい、彼の息子さんなら間違いないと付け加えた。

純子は思った。その息子さんにはいい迷惑だわと。しかし正式な話ではないので内心ホッとした。純子に開いてもらおうとあえてテーブルに置いたままにする父は、純子の意思を尊重する、そんな父を純子はうれしく思った。

父は仕事人間で、今では建築関係の会社の社長である。

「おまえ、つき合っている人がいるのか」

「いると言えばいるけど、いないといえばいないのかなぁ……」

ふと幸太郎の顔がよぎった。

「はっきりしないな。とにかく考えておきなさい。会ってみるだけでもいい……」

父と母は恋愛結婚であった。純子は、見合いとは時代遅れの話だと思った。

「純子の年ならボーイフレンドの一人や二人いても当たり前だぞ。ガールフレンドなら俺にもいるよ。俺は見合いだけは絶対にしない」と側にいた兄が言った。

会わせてみたらという話だから、父も母も無理強いはしなかった。

写真を見てしまえば、一歩踏み出すことになるような気がした。そんな純子の心を、父も母もわかってくれた。

「おまえは案外慎重だな」とは、兄の偽らざる感想だ。

純子には幸太郎のほかにもう一人ボーイフレンドがいた。大学の時の同級生で家業を継いでいる人である。長いつき合いだが印象は日に日に薄れていく。反対に、幸太郎への思いは日毎に強くなっていく。

純子は写真を見るのを断った。お見合いをするかどうかの返事は大晦日まで待ってほしいと言った。家の教会に集い、聖書を読み始め、またキリストを信じる人たちとの交流をとおして、今までの自分とは違う価値観を抱き始めていた。結婚は当然のこと、他の事柄等にも基準というものをもたなくてはいけないと感じていた。

人生を決める結婚への入り口ともいうべき見合いのことを真剣に祈り考えたかった。堅苦しくないと言っても、見合いは見合いだ。見合いをするにしてもしないにしても、軽く返事ができることではなかった。会うにしても純子は幸太郎を思うと、この話は断るべきであると思った。父母の気持ちをはかると、即答は避けようとも思った。

中つ巻

古事記に深く浸潤する「聖書世界」を抽出する

中つ巻　一、カム・ヤマト・イワレ・ビコ・スメラ・ミコト

土曜日がきた。

十二月最初の土曜日、五人は佐伯夫妻の居間に集った。新たなる章、初代天皇の物語の始まりである。

いよいよ佐伯は初代天皇となる神武の驚きに入っていった。驚きは人の目を覚ます。その人物から発せられるオーラを見てみよう。

まずその名前である。初めの名は神武天皇ではない。初めの名は「イワレ・ヒコ」である。これはヘブル語である。もっと長い名前は「カム・ヤマト・イワレ・ビコ・スメラ・ミコト」。古事記はそう記す。これは日本語ではない。意味不明である。あえていう人がある。「スメラミコト」＝「統べる尊い方」という。「スメラ」は古語で「皇」と表記し、それがサンスクリット語で須弥山（古代インドで世界の中心にあるとされた聖なる山）を意味する「スメール」からきているという。後ろに「ミコト」が続くことで聖なる君主となる。

ソロモンの死後イスラエル王国は南北に分裂した。紀元前七世紀から六世紀にかけてアッシリヤやバビロンによって滅ぼされた際に、多くの人々は東に移動した。神武天皇（紀元前六六〇年ごろ即位）を頂点とする古代日本の成立に関わったための尊称として、スメラミコトがある。行き着くところはヘブル人のヘブル語である。「スメラ」はヘブライ語で「神を敬う」を意味する「スメル」が訛《なま》ったものである。シュメールが訛ったものであり天皇は西アジア起源であるとするのがその骨子である。

ユダヤ人の研究家ヨセフ・アイデルバーグ氏によれば、ヘブル語ですべて理解できるという。「サマリヤの王、ヤハウェのヘブル民族の高尚な長子」とのことである。私たち日本人にとっては、驚くほかはない。

「カム」は高尚な、「ヤマト」はヤハウェの民、「イハレ」はヘブルを意とするイブリ、「ビコ」は長子、「スメラ」はサマリヤ、「ミコト」は彼の王国と説明する。サマリヤは北イスラエルの土地であったために、初代天皇の生まれ育った時から呼ばれていた名前からして、エフライム系であることの証左であると佐伯はいう。

坂東誠氏もその著『秦氏の謎とユダヤ人渡来伝説』に述べている。「スメラ」とはヘブライ語の「シャムラム」が訛ったものではないかと。複数形では「シャムラニーム」といい、今もイスラエルに残るユダヤ教徒の一派「サマリア人」のことである。シャムラニームはサマリアを首都とした北イスラエル王国が存在した時からの名残りだと。またヘブル語からの説として、侍（サムライ）がこの語「シャムラニーム（護る人々）」からの派生語だと言う。そこから、シャムライは仕える人の意味でもあり、そこから派生してスメラとなる。ちなみにシャハン博士はその著書でエフライム族はサ行がうまく発音できず、シャシィシュシェショになるという。

「ミコト」という言葉を見てみよう。実はこの言葉もヘブライ語で見ると意味が通る。それは「ミガッド」という言葉である。ヘブライ語で「ミ」は「〜から」とか「〜出身」という意味がある。そして次の「ガッド」とは、消えた十部族の中の「ガド族」という説もある。しかしこれを王権、長子の権利という観点から見ると、聖書預言には当てはまらない。預言の観点から見れば失われた十部族の中の一部族にあって、強力な助っ人の役割をするの意である。即ちガド族がいたおかげで、日本は外国からの侵略や攻撃に勇敢に立ち向かうことができたと推測できる。ヤコブの預言、創世記四十九章十九節に「ガドについては、襲う者が彼を襲うが、彼はかえって彼らのかかとを襲う。」とある。かかとをつかむとは、仕返しをするとか相手を歩けなくさせる場合に使われることが多い。モーセの祝福のことば申命記三十三章二十節によると、「ガドを大きくする方は、ほむべきかな。ガドは雌獅子のように伏し、腕や頭の頂をかき裂く。」は、やはり大きなダメージを与えることのできる資質をもっている人たちのことであろう。預言と祝福のことばから見ると王統、王家の血は見当たらない。むしろ「ミコト」は彼の王国の意味としてエフライムの王国なら筋が通る。エフライムのイムは弱く聞こえるので、ほとんどエフラはイハレであろう。古事記の記事からして、北イスラエル王国十部族の王族を念頭に置くならば、この神武天皇の呼び名は「サマリヤの王、ヤハウェのエフライム族の高尚な長子」となる。なぜなら、長子の権利はヨセフ（エフライムと解する）に与えられたからである（歴代誌Ⅰ五章一節、二節）。

古代のイスラエル人は、自分たちの宗教を「神の道」と呼んだ。ヨブ記二十三章十一節に、「私の足は神の歩みにつき従い、神の道を守って、それなかった。」二十六章十四節にもある。「見よ。これらはただ神の道の外側にすぎない。私たちはただ、神についてのささやきしか聞いていない。だれが、その力ある雷を聞き分けえようか。」創世記の中でノアの時代の人々のことで、「その道」という言葉が使われている。「神が地をご覧になると、実に、それは、堕落していた。すべての肉なるものが、地上でその道を乱していたからである。」（六章十二節）。

申命記にもある。「あなたの神、主の命令を守って、その道に歩み、主を恐れなさい。」とあり、他にも三十数ヶ所にわたって「その道」と呼ばれている。神武天皇の幼名は、「若御毛入野之尊」である。「若」はヘブル語では結婚期の青年の意味、御毛入野（ミカエルヌ）は、私たちの神に似たものという意味、太子名は「サルヌ」で私たちの立太子、即位名の「伊波礼」は、イワレエルの役名であろう、その意味は、彼は神を賛美するである。磐余（イワアレ）は

「神の霊は私の上に宿る」の意味であるとした川守田英二氏の解明も興味深い。

　初代神武天皇の業績に移ろう。神倭伊波礼毘古命と五瀬命の二柱は、高千穂宮で相談する。末子の神倭伊波礼毘古命が長男の五瀬命に言った。「いったいどこに住めば、平和に天下を治めることができるのでしょうか。東に行ってみませんか」

　そこで日向（九州南部）を出立し、筑紫（九州北部）へ行く。豊国の宇沙《うさ》で土着の人、宇沙《うさ》都比古《つひこ》、宇沙都比売の二人が足一騰宮《あしひとつあがりのみや》を作り、服属のしるしとして大御饗《おおみあえ》でもてなした。その地から次は竺紫《つくし》の岡田宮（福岡県芦屋町の付近）に一年間とどまり、そのあとで阿岐国《あきのくに》の多祁理宮《たけりのみや》に七年、吉備の高島宮に八年留まられた。なお東に向かおうとすると、速吸門《はやすいもん》の潮流の速き海峡・明石海峡？　で、亀の甲羅に乗り、釣りをしながら羽ばたく人と会った。神倭伊波礼毘古命が「誰か」と尋ねると、「私は国つ神だ」と答えた。さらに「海の道を知っているか」と尋ねると、「よく知っている」と答えた。「私に従うか」と尋ねると「仕えます」と答えた。そこで竿を渡し二柱の船に引き入れ、槁根津日子《さおねつひこ》の名を授けた。これが、倭《やまとの》国造《くにのみやつこ》（奈良盆地東部の豪族）らの祖である。

　さらに東に進み、浪速之渡《なみはやのわたり》（大阪湾の沿岸部）で登美能那賀須泥毘古《とみのながすねびこ》、登美毘古《とみびこ》とも呼ばれる者と戦うことになった。そのところで楯を取って船を降りたので、「楯津《たてつ》」と呼ぶ。

その所で兄の五瀬命は矢にあたって傷を負う。その時五瀬命が言った言葉が興味深い。また意味深い。「日に向かって戦ったのが悪い。そのため傷を負った。これから回り込んで、背に日を負って敵を討とう」

血沼海《ちぬのうみ》（大阪府南部の海）で傷口の血を洗ったのでそう呼ばれるようになった。そして紀国（紀伊国、和歌山、三重県南部）の男之水門《おのみなと》で五瀬命は死なれた。

その後、神倭伊波礼毘古命は、和歌山南端を回り込んで新宮《しんぐう》市付近の熊野村に上陸する。そのころから体調を崩し寝込んでしまう。従っていた兵士たちも具合を悪くし、寝込んでしまった。その時、熊野の高倉下《たかくらじ》が一振りの太刀を奉ると、「長い間寝てしまった」と起き上がった。太刀を受け取ると何もしないのに熊野の荒ぶる神は、自ら切り倒されてしまい、寝込んでいた兵士たちも目を覚ました。

神倭伊波礼毘古命が高倉下に太刀を入手したいきさつを尋ねると、「不思議な夢を見たのです。アマテラスと高木神（タカミムスヒ）が建御雷神を呼んで言われたのです。葦原中国（日本）が騒がしい。私の子どもが苦しんでいる。お前が説得して平定した国だから、お前が降っていけ」

建御雷神は「私が降らなくても、太刀があります。ですからその太刀を降らせるべきです。その降らせる方法は、高倉下の倉の屋根をはがして、そこから落とし入れるのです」と言い終わると、「朝、目覚めたら、天つ神のみ子に献上せよ」と言われ、夢の教え通り太刀を献上していきさつを説明した。

この太刀の名を佐士布都神《さじふつのかみ》といい、またの名を甕布都神《みかふつのかみ》、またの名を布都御魂《ふつのみたま》という。この刀は石上神宮《いそのかみのかむみや》（奈良県天理市）に鎮座している。

敷島は古事記の言わんとするところを、はっきりさせておかなければ気が済まない。今回も一言付け加えた。

「太陽に向かって戦いを挑むのは間違いや。太陽は神のシンボル的意味合いをもっている。イエスも太陽と比喩されておるんやから。彼に向かって戦いをしかけるのは間違いや。神の助けを借りて戦う姿勢を教えていると考えるべきや」

日本を平定しようとするミコトが、その剣を太陽に向けるのは良くないことを兄から学んだように思うと、幸太郎が感想を述べた。

「そう思う。兄五瀬命が傷を負わされた登美毘古を恨まず責めず、自らの戦う姿勢の間違いに気づいた。天つ神のアマテラスのみこころを忘れていた。自らを反省したのはさすが天孫ニニギの長男」

日に向かって進むが、日に向かって刃を向けるのではない。太陽を背にして光のおかげで戦うのだと弟である後の初代天皇に教えたのだろうね、と佐伯が言った。

ヨハネの福音書の冒頭にある「ことば」を思い出す。

「はじめにことばがあった。ことばは神とともにあった。」エペソ六章十七節のその「ことば」は剣であるが、パウロはクリスチャンに神の武具を身に着けなさいと励ましている。もうひとつふたつ面白いことがある、と敷島は話し始めた。

イエスがガリラヤ湖のほとりを通られると、漁師シモンとシモンの兄弟アンデレに会った。彼らに言われた。「わたしについて来なさい。人間をとる漁師にしてあげよう。」すると、すぐに、彼らは網を捨て置いて従った。その他に幾人もの男たちがイエスに従った。

のちに神武天皇になった天つ神のみ子は、日本の国造りのために東に向かった。その際、明石海峡で漁師である槁根津日子《さおねつひこ》たちに声をかけて召している。彼らはもっと羽ばたくものがないかと道を求めている男たちであった。その他の男たちも天つ神のみ子神武天皇に従っている。

また、屋根をはがして太刀を降らせたら、神倭伊波礼毘古命も兵士たちも病が治ったという箇所に見られる癒やしの物語のお手本もある。

歩くことができない中風の人をイエスが癒やした時の話である。

男たちが、中風の人をかついで連れて来た。何とかして家の中に運び、イエスにみてもらおうとした。しかし大勢の人がいて、どうにも近づけない。そこで屋上に上って屋根の瓦をはがし寝床をイエスの前につり降ろした。イエスはその人に言った。「起きなさい。寝床をたたんで、家に帰りなさい」。すると彼は立ち上がり、寝ていた床をたたみ神をあがめながら自分の家に帰っていった。

幸太郎が思ったことを口にした。

「神倭伊波礼毘古命（カム・ヤマト・イハレ・ビコ・スメラ・ミコト）に声をかけられた男たちの様子は、イエスが弟子たちを呼び寄せた様子のようです。中風の人の癒やしのことを知っていて、その光景を神武天皇の国造りの話に挟み込んだような気がします。大筋は同じでしょう？」

「わかる、わかりますよ。二つの物語の中に描かれている人たちの仕える志、剣の意味するところである神のことば、親切心、苦しんでいる人を助けようとする思いやり、同情は神への信仰心からのものですよね」と純子も言った。

佐伯は、八咫烏《やたがらす》が天つ神のみ子（神倭伊波礼毘古命）を導くところへ話をもっていく。

高倉下が剣を献上したので病を癒やされて、内陸奥地に進まれた。八咫烏の導きによって吉野川の下流に着く。そこには筌《うえ》、竹で魚を獲る道具を作って魚を獲る人がいた。「あなたは誰か」と尋ねると、「私は国つ神、名は贄持之子《にえもつのこ》という」と答えた。阿陀《あだ》の鵜飼《うかい》の祖である。さらに進むと、尾の生えた人が井戸から出てきた。その井戸は光っていたので「あなたは誰か」

と尋ねると、「私は国つ神、名は井氷鹿《いひか》といいます」と答えた。吉野首《よしののおびと》らの祖である。吉野地方の木こりが尾のように見える毛皮を着たために「尾の生えた人」と表現したという。

そして山に入ると、また尾の生えた人に出会った。この人は岩を押し分けて出てきた。「あなたは誰か」と尋ねると、「私は国つ神、名は石押分之子《いわおしわくのこ》という。出迎えるために出てきました」と言った。これは吉野の国巣《くず》の祖である。その地より蹈《ふ》み穿《うか》ち越《こ》え、宇陀《うだ》の地（吉野から奈良盆地に至る途中の宇陀市）に至ったとは、穴が開くほど強く踏み越えて行ったということで、この地のことを宇陀の穿《うかち》という。

土着の首長たちは次々と天つ国のみ子に服従していった。宇陀には兄宇迦斯《えうかし》と弟宇迦斯《おとうかし》の兄弟がいた。神倭伊波礼毘古命はまず八咫烏を遣わして、二人に尋ねさせた。

「お前たちも仕えるか」

ところが兄の方は、鳴鏑《なりかぶら》（音が鳴る鏑矢）で八咫烏を射り追い返してしまった。二人は待ち受けて撃とうと兵士を集めようとしたが集まらない。「仕え奉る」と嘘を言い、その間に大きな御殿を建てその中に押機《おし》（踏むと打たれて圧死する罠）を作って待っていた。

しかし、弟はひざまずいて神倭伊波礼毘古命に事の次第を話した。

「私の兄が天つ神の使いに矢を放ち、攻めるための軍を集めようとしましたが集まらず、御殿を作りその中に罠を仕掛けて待っています」

すると、大伴連《おおとものむらじ》の祖である道臣命《みちのおみのみこと》と、久米値《くめのあたい》の祖の大久米命《おおくめのみこと》の二人が、兄宇迦斯を呼び「お前がお仕えするために作った御殿に、まずお前が入り、どのようにお仕えするか明らかにせよ」と激高し、太刀の柄《つか》を握り、矛を向けて矢をつがえて、兄宇迦斯を御殿のなかに追い入れた。すると、兄は自分が作った押機に打たれて死んでしまった。

敷島は旧約聖書のエステル記を開いた。ユダヤ人モルデカイを迫害しようと、策略を謀ったハマンが自分でその罠に落ちた話をした。

それを聞いた君江は思った。

「兄宇迦斯の結末と同じだわ」

純子も思った。

「二人とも同じ結末になるとは、なんと恐ろしい」

君江は純子の思いを知る由もなく、「十代の頃、聖書とは道徳書だと思っていたわ。その中に黄金律が輝いているのね」と言った。

「そう、その黄金律をイスラエル民族の中に入れて、神様の計画を四十数名の人たちが一千六百年間にわたって書いたものを編集してあるのや」

幸太郎はつい先日、家の教会で敷島が話したテモテに宛てたパウロの手紙のことを思い出した。

「聖書はすべて、神の霊感によるもので、教えと戒めと矯正と義の訓練とのために有益です。」

佐伯も古事記を援用した。

「古事記にも同じようなことが言えるのじゃないかな」

八咫烏の導き

「八咫烏が先導して山あり谷ありの困難な遠い道のりを踏破したのでしょうが、その八咫烏とはいったい何者ですか」と幸太郎は知りたい。

高天原からの霊力ある剣を頂いた後に今度は八咫烏の助けを受けた。神倭伊波礼毘古命は熊野上陸後、倭を目指す道すがら荒ぶる神たちのところを通過しなければならない。そこで遣わされたのが八咫烏である。烏に導かれながら進むと吉野河の川尻（下流）に着いた。（ここは前述した）

八咫烏とは何者なのかというのは、確かなところを知るものはいない。

想像の域をでないだろうが、物事が順調に運んだということからすると相手の戦意を喪失させ、恭順させる力を備えていたということは言える。普通のカラスでないことは確かである。

三本足にどんな意味があるのか、なぞが多い。日本サッカー協会、陸上自衛隊の情報部隊、バス会社のシンボルマークにも採用されているのは正しく導く力、という意味があるからだと言われている。カラスは賢い鳥であることは、今も変わりない。

人であり、ある人々の群れかもしれない。するとその土地に詳しい土着の人々で、カラスの

熊野那智大社（ウイキペディアより）

ように自由に行き来できる足の速い人たちであったであろうか。
三という数字は、造化三神である天之御中主神、高産巣日神、神産巣日神を表していると推察できる。聖書の三位一体である父なる神、子なる神イエス・キリスト、そして聖霊なる神を表すシンボルなのかもしれない。

敷島は、ヘブル語からの可能性をもうひとつ加えようと言った。

「ヤダー」の語から二つの可能性がある。一つは「ヤダー」は「知れ」「偲べ」「親しめ」という意味がある。鏡をつける「八咫の鏡」＝この鏡を見ることを我を見る如くせよ、に該当する。

もう一つは、「出で」の感謝、賛美の「ヤダー」である。八咫の鏡はユダヤの出の鏡になる。それゆえに、八咫烏は、ユダヤからのカラス、親しみあるカラス、カラスに親しんで教えを乞えとなる。

なぜユダヤと関わるのかと言えば、もうわかってもらえるはず。古代の日本への天孫降臨はアジアの西端にいたイスラエル民族の滅亡時と同じである。日の上る国に東漸した古代イスラエル、時代に多少の開きがあるとしても北イスラエルの失われた十部族（エフライムを筆頭とした）、そして少し遅れてやって来た南イスラエル（ユダとベニヤミン）が関わっているとすれば、言語が訛っているのは当然である。同音同意の言葉が今もなおあるとすれば、その証拠である。言語が残るならば、場所名も同様である。日本人が移住したアメリカのカリフォルニアにリトルトーキョーができたように、イギリスのヨークシャーが、東海岸にできたニューヨークとなったように。

敷島はもう一つ加えた。

旧約聖書、列王記上の十七章にある。エリヤはここ二、三年の間、雨は降らないと予言した。すると、エリヤに次のような主のことばがあった。

「ここを去って、東に向かい、ヨルダン川の東にあるケリテ川のほとりに身を隠せ。そして、その川の水を飲まなければならない。わたしは烏に、そこであなたを養うように命じた。」（中略）幾羽かの烏が、朝になると彼のところにパンと肉とを運んで来、また、夕方になるとパンと肉とを運んで来た。彼はその川から水を飲んだ。やがて川はかれた。雨が降らなかったからである。そこにたきぎを拾い集めているひとりのやもめがいた。彼女に声をかけて、「水差しに少しの水を持って来て飲ませてください。」と頼んだ。彼女が取りに行こうとすると、「一口のパンも持って来てください。」と言った。やもめにはかめの中に一握りの粉と、つぼにほんの少しの油があるだけだった。それを調理して、息子とふたりで食べて死ぬところです、と言った。エリヤは、「その通りにしなさい、しかしまず私のためにそれで小さなパン菓子を作り、私のところに持ってきなさい、それから後に、あなたとあなたの子どものために作りなさい。イスラエルの神、主が、こう仰せられるからです。『主が地の上に雨を降らせる日までは、そのかめの粉は尽きず、そのつぼの油はなくならない。』彼女は行って、エリヤのことばのとおりにした。彼女と彼、および彼女の家族も、長い間それを食べた。エリヤを通して言われた主のことばのとおり、かめの粉は尽きず、つぼの油はなくならなかった。」

古事記でも聖書の中でも、人は烏ややもめ女に助けられている。その助けられ方が尋常ではない。奇跡的である。神を信じる者には神は報いてくださることを両書とも記している。

中つ巻 二、神武天皇の即位とダビデの即位
長男の陰謀

長い東征を経て初代天皇に即位した天つ神のみ子は、畝傍《うねび》の橿原《かしはら》で天下を治める。これより神武天皇と呼ばれるようになられた。

これが日本の建国である。二月十一日が現在の「建国記念の日」となっている。ヤマトの王権は大和王朝に発展した。その後一度たりとも王朝の交代はなく、百二十六代の今上天皇まで連綿と皇統が継承されてきた。

今まで学んできたのが神武天皇即位までの古事記における日本建国の物語である。

神武天皇が九州の日向ではすでに結婚されており、妃は阿多《あた》の阿多隼人《はやと》の一族の妹の、阿比《あひ》良《ら》比売《ひめ》という。二人の間には、多芸志美美命《たぎしみみのみこと》と岐須美美命《きすみみのみこと》が生まれていた。

奈良での即位後、次のように大久米命《おおくめのみこと》が進言した。この辺りに、麗しい女性、勢夜陀多良《せやだたら》比売《ひめ》という姫がいます。三輪山の大物主神《おおものぬしのかみ》（大国主神に自分を祭るように求めた「御諸山《みもろやま》の上に座す神」）が一目で気に入り、その姫が大便《くそ》をする時、大物主神は赤い矢に化けて、その

厠の溝へ流れ下って、その姫の陰《ほと》である性器を突いた。すると姫は驚いて立ち上がり、その矢をもって床に置くと、矢はたちまち麗しい男になった。大物主神はその姫をめとって、富登多《ほとた》多良伊須須岐比売命《たらいすすきひめのみこと》を生んだ。またの名を比売多多良伊須気余理比売《ひめたたらいすけよりひめ》というのは、女性の陰部を示す言葉「富登」を嫌ったから改めたのである。また伊須気余理比売ともいった。

さて、時が進み、奈良県桜井市三輪の大神神社の北の台地で七人の娘が遊んでいた。その中に伊須気余理比売もいた。そこで兄宇迦斯を倒した大久米命が天皇に次の歌を詠んだ。

倭の　高佐士野《たかさじの》を　七《なな》行く　媛女《おとめ》ども　誰をし枕《ま》かむ

（大和の高佐士野を行く七人の乙女たち、誰がその姫を妻としましょうか）

すると

かつがつも　いや前立《さきだ》てる　兄をし枕《ま》かむ

（まあ言うならば、先頭に立っている年上の子を抱いて寝よう）

の歌で返されたので、大久米命は天皇の命により、姫に伝えた。いくつかの歌のやり取りがあって、神武天皇は姫を娶り、そこで生まれた子の名は、日小八井命《ひこやいのみこと》、次に神八井耳命《かむやいみみのみこと》、次に神沼河耳命《かむぬなかわみみのみこと》でこの三男が第二代綏靖天皇《すいぜいてんのう》となった。

こういうことである。天皇の系統が神武天皇と出雲系が結合したということである。

出雲国造りの神話はすでに見たとおり。国つ神系である。今日見ている神武天皇は天つ神系すなわちアマテラスを始祖とする系統である。神武天皇が奈良の都で即位する時、国つ神の子孫が、すでに大和に住んでいた。その土着の人々と大きく和したのである。国つ神系の姫、伊須気余理比売を娶るに至ったのは高天原系と出雲系が結合したということである。伊須気余理比売の母が、大物主に見いだされ、結婚するまでの変遷が大変おかしな表現で書き表されていた。これなどは普通でない事情があったことを匂わせている。

神武天皇はアマテラスの太陽の神、海の神、山の神の系統もあわせもち、大物主の血を引く母をもつ姫と結びあうことによって、大物主が天皇の統治に協力することになった。統治権とは長子の権利を受け継ぐことを意味する。政治と人心を一手に掌握するにふさわしい血統が整えられたことの意味である。

敷島が独特の解説を披露した。

神武天皇即位の事情がダビデの即位に似ているのに気づいたのは最近のことだと敷島は話し始めた。

初代の王サウルの死後ダビデはヘブロンに上った。二人の妻、イズレエル人アヒノアムと、ナバルの妻であったカルメル人アビガイルといっしょにそこへ上った。そこへユダの人々がやって来て、ダビデに油を注いでユダの家の王とした。（サムエル記Ⅱ二章）

その後ダビデはマアカ、ハギテ、アビタル、エグラの四人の妻から子を儲けている。（歴代誌Ⅰ三章一節から四節を参照すれば六人の妻がいたことがわかる。）

サウルとダビデの間に長く戦いが続いた。ダビデの家は強くなり、サウルの家は弱くなった。ヘブロンでダビデに子が生まれた。六男が生まれている（サムエル記Ⅱ三章）。その記述からもわかるが六人の妻がいたのである。

アヒノアムによって長子アムノン、アビガイルによって二男キルアブ、マアカによって三男アブシャロム、ハギテの子四男アドニヤ、アビタルの子五男にシェファテヤ、エグラによって六男イテレアムが生まれている。

ダビデは三十歳で王となり四十年間王であった。ヘブロンで七年六か月、ユダを治めた。エルサレムで三十三年全イスラエルとユダを治めた。

そして七番目の妻としてのバテ・シェバに、ダビデ王は卑劣な行為を犯すのである。

その手法を敷島は言うのである。

「とんでもない手法を用いてダビデの卑劣な行状を記したのではと思わずにはいられない。卑劣な陰謀をこれ以上に比喩的に記すのは難しいのではと思う」と。

佐伯は言った。

「時が進み、奈良県桜井市三輪の大神神社の北の台地で七人の娘が遊んでいた。その中に伊須気余理比売もいた。そこで兄宇迦斯を倒した大久米命が天皇に次の歌を詠んだ。この歌に七人の娘が出てきますね。七番目がバテ・シェバですか。神武天皇が七番目に選んだ女性がダビデの七番目の妻にあたるバテ・シェバとなるのでしょう」

全軍を戦いに出していたある夕暮れ時、ダビデは床から起き上がり王宮の屋上を歩いていると、ひとりの女が体を洗っているのが見えた。その女は非常に美しかった。人をやってその女を調べるとヘテ人ウリヤの妻でバテ・シェバとわかった。ダビデは女を召し入れた。その女は月のものの汚れを清めていたのであった。女は身ごもったことをダビデに伝えると、ダビデ王はその夫ウリヤを最前線の任務に就かせ殺させた。これはサムエル記Ⅱ十一章に詳しく記されている。

ダビデの卑劣な行為を記したのではないかと、この奇妙な記述から思い起こすというのである。もう一度古事記の手法を記すが、この記述以上ができる作家がいるだろうか。

大物主が麗しい女性、勢夜陀多良比売を一目で気に入り、その姫が大便《くそ》をする時、赤い矢に化けてその厠の溝へ流れ下って、その姫の陰《ほと》である性器を突く、姫は驚いて立ち上がり、その矢をもって床に置くと、矢はたちまち麗しい男になる。大物主はその姫をめとって女性の陰部を示す言葉「富登」を嫌って名を改めた。

念を押すが、と敷島は言った。

ダビデの王統がいかなる女性と血の繋がりによったとしても、またその方法がいかなるものであったとしても、神の御心はこの地上にあってなされていくと教えておられる、と。

次に佐伯は、神武天皇崩御後の騒乱に話をもっていった。息子の陰謀である。

長男の多芸志美美命《たぎしみみのみこと》は神武天皇の后である伊須気余理比売を妻にした。母を嫁にしたのである。腹違いの息子であったといっても、母と名の付く人を妻としたのである。王位の継承者であることを示すためでもあった。さらに多芸志美美命は三人の弟を殺そうとたくらんだ。義母であるが嫁になった母は、憂い悩み、弟たちに陰謀を告げた。兄の陰謀を知った弟たちも兄を殺そうと相談した。一番下の弟、神沼河耳命《かむぬなかわみみのみこと》が二番目の兄の神八井耳命《かむやいみみのみこと》に言った。

「兄上が武器をとって、殺してください」

兄は武器を手にしたが、震えて殺すことができなかった。そこで弟の神沼河耳命が武器を兄から取り返して多芸志美美命を殺した。その弟は建沼河耳命《たけぬなかわみみのみこと》と名を変えた。「建」は勇敢なという意味がある。

兄の神八井耳命は、弟の建沼河耳命に皇位を譲った。それが第二代の綏靖天皇《すいぜいてんのう》である。

これとほとんど同じ物語がダビデの生涯に起こっていると敷島は話した。
聞いている者たちはキリスト者であるが、旧約聖書の多くの人たちの家系や家族の者たちの行状までは詳しくはない。ダビデの行いや、アブラハム、その妻のサラのことなどは、日曜学校や礼拝時に牧師が語るが、ダビデの息子や母親についてはほとんど知らない。

ダビデにアブシャロムという息子がいた。イスラエルのどこにも、アブシャロムほど、その美しさをほめそやされた者はいないほど、足の裏から頭の頂まで非の打ちどころがない息子であった。この息子が謀反《むほん》を起こした。ダビデの議官アヒトフェルも謀反にくみし、アブシャロムに入れ知恵をした。

「父上が王宮の留守番に残したそばめたちのところにお入りください。全イスラエルが、あなたは父上に憎まれるようなことをされたと聞くなら、あなたに、くみする者はみな、勇気を出すでしょう。」

何とあなたの母と寝てください、という進言である。王権を得るためとはいえ言語道断である。この謀反はダビデの知るところとなったが、王はアブシャロムには寛大であった。ダビデと、アブシャロムにくみする者たちとの戦いである。アブシャロムの軍勢が二万人もの死者を出した。アブシャロムの乗った騾馬が大きな樫の木の茂った枝の下を通ったとき、アブシャロムの頭が樫の木に引っ掛かり宙づりになった。ダビデの部下のヨアブは三本の槍で、樫の木の真ん中にひっかかったアブシャロムの心臓を突き通し打ち殺した。

神武天皇以後もこのようにして、八咫烏の三本の足が天皇を導く。同様にダビデの王統は三本の槍によって守られた。ダビデの王統のように神武王統も守られ継承されたのである、と敷島は神武天皇の項を締めた。

中つ巻 三、綏靖《すいぜい》天皇から開化天皇まで そして崇神天皇アマテラスと伊勢の地

この期間を欠史八代と呼ぶ。崩御の年齢、宮廷の場所、妻子の名前だけを記しているだけなので、不明のゆえの欠史である。

三代から名前だけ挙げる。安寧《あんねい》、懿徳《いとく》、孝昭《こうしょう》、孝安《こうあん》、孝霊《こうれい》、孝元《こうげん》、開化《かいか》である。

佐伯の母は大正十五年（一九二六年）生まれであったが、初代神武から昭和まで暗記していた。そういう時代であったが、今はその影すらない。

第十代崇神《すじん》天皇に佐伯はすぐに移っていった。

開化天皇崩御のあと、第三皇子の御真木入日子《みまきいりびこ》印恵命《いにえのみこと》が即位された。するとこの崇神天皇の情報は細かく記されている。三人の后妃との間に男王七、女王五、あわせて十二柱を儲けている。その内の皇女のひとり豊鉏入日売命《とよすきいりびめのみこと》が伊勢大神宮を祭る斎宮の起源と言われている。

崇神天皇の御世に疫病が流行り多くの民が死んだ。天皇は悲しみ、嘆いて神牀《かむとこ》という特別の

寝床に眠り夢を見た。大物主が現れ、言われた。

「意富多多泥古《おおたたねこ》に我が御霊を祭らせよ。そうすれば、神の祟りも鎮まり、国は安らかになる」

天皇は早馬で使者を四方に遣わし、その人物を探させた。すると河内の美努村《みののむら》で見つかり、尋ねた。

「あなたは誰の子か」

「私は大物主大神が陶津耳命《すえつみみのみこと》の娘、活玉依毘売《いくたまよりびめ》を娶って生んだ櫛御方命《くしみかたのみこと》の子の、飯肩巣見《いいかたすみの》命《みこと》の子の、建甕槌命《たけみかづちのみこと》の子の意富多多泥古です」

そこで天皇は意富多多泥古を祭主とした。奈良の大三輪神社の大物主神、大三輪大神が祭神である。伊勢神宮の創始に関わってもいる。伊勢の地にアマテラスが落ち着くまでに二十数ヶ所を巡る。奈良の笠縫邑《かさぬいむら》で創立したのがこの崇神天皇の時である。

伊勢神宮創立は四世紀初頭といわれている。内宮は崇神天皇の時、代々宮中にまつってきた八咫鏡を大和の笠縫邑に移した。さらに次期天皇の垂仁天皇の時に、五十鈴川上流の現在地に社を造営したのが起源といわれる。しかしヘブル詩歌の研究の書を著した川守田氏は、垂仁天皇二十五年（BC五年）に倭比売命《やまとひめのみこと》が剣を伊勢の神宮に奉じたと記している。時期的に合わないが、奉剣の時が川守田氏の時期ならば、イエスが誕生した時と一致する。垂仁天皇のところでその辺りのことは述べることにしようと、佐伯は意富多多泥古が神のみ子である理由を語り始めた。

美しい活玉依毘売のところに、ある夜突然若い男がやって来た。その男の容姿と威厳は類のないほどすばらしく、お互いは惹かれて毎夜結ばれ合い懐妊する。

そこで父母は「夫もいないのになぜ妊娠するのか」と問うた。

「名前も知らない麗しい男の人なのですが、毎夜を過ごすうちに妊娠したのです」と娘は答えた。

父母はその男を知りたいと思い、娘に「赤土《はに》を床の前に散らし、糸巻に巻いた麻糸を針に通して、その衣の裾に刺しなさい」と教えた。

娘はその通りにした。翌朝みると、針に付けた麻糸は戸の鍵穴から出て、残った麻糸は三勾《みわ》三巻だけだった。三輪山の「みわ」とかけている。

このことにより、男が小さな鍵穴から出て行ったことを知った。その糸を辿っていくと美和山（三輪山）に至り、神の社に続いていたのでその男が神のみ子であることを知った。この三輪神社には、三位一体を示す三本鳥居がある。もう一つは京都太秦《うずまさ》にある蚕《かいこ》ノ社《やしろ》と言われている木嶋《このしま》神社にもある。

敷島がいつものように口を挟むが五人はもう慣れていて、今度は何を言い出すのかと期待するようになっていた。

古事記も中つ巻に入ると天皇の業績とか経歴が記されている。同じように旧約聖書のサムエル記になると上下巻あるが、イスラエルの初代王と二代目王のダビデのことが詳しく記されている。初代神武天皇は詳しく業績も家系も詳しい。二代目の綏靖天皇から九代目の開化天皇までは延々と結婚した相手とか誰を生んだという記述だけである。十代目の崇神天皇からはまた記述が詳しくなる。聖書の列王記上下では、ダビデ王以降の記述がつづく。国の歴史を記す日本の古事記も天皇が中心である。聖書もイスラエルの王を中心として書かれているのは当然と言えば当然である。だが、これは歴史書だからとするには少々難がある。歴史ならば、その時代に活躍した将軍とか偉人の功績や大事件の報告、人心の動きなどの項を設けてもいいはずである。ところが王の出生や王女のこと、生まれた直系の子孫の名前ばかりが詳しい。特に聖書では歴代誌上下を加えて、分裂したイスラエルの北朝、南朝の王やその息子の悪行も詳細に記している。これは国の歴史が王を中心に動いている、とあえて強調しているようなものである。注目すべきポイントである。

敷島はつけ加えた。その列王の記述は、国のかたちが王による「国体」であり、聖書での神の国のかたちを「神体」として形作るための養育係、学生にとって社会に役立たせるために養育するスクールマスター的役目をする。聖書で神が人へご自身の意図である本来の目的を示す布石として王を中心とした物語をあえて描いたのである、と念を押した。

なるほどと佐伯は続けた。

第十一代　垂仁天皇は、師木《しき》の玉垣宮（奈良県桜井市、纏向《まきむく》遺跡内）で天下を治めた。二人の皇后と五人の妃の間に、十三柱の男王と三柱の女王（娘）を儲けた。この三人の娘のひとり、倭比売命が伊勢神宮に奉剣したのが、紀元前五年という。前述した川守田氏の書から、敷島は自ら要点のみを抜粋して語り始めた。（『日本へブル詩歌の研究』上巻百八頁参照）

〝アマテラスと伊勢の地と題して〟

一、日本書紀、垂仁天皇記に「伊勢の地」はアマテラス大神はじめて天より降りますところなり、とある。天は日向のことで、高天原から統治者として赴任の説、天は高天原と解し、他に四つほどの伊勢の地への経路を記しているが、ここでは省く。

二、倭比売命（倭姫）と伊勢に関し、垂仁記によれば一度だけアマテラスは伊勢の地に足跡を残した。姫が鏡剣を五十鈴川の川上に奉祀された以前から伊勢という地名は存在していたことがわかる。天孫系がすでにその地にいたということは、古代へブル語の聖歌が伊勢音頭の囃子《はやし》ことばに見受けられる。

「ササ　ヤートコセー　ヨーイヤナー　アーリャリャ　コレワイセー　コノナンデモセー」

これはモーセの姉、ミリヤムの歌で、イスラエルの歴史ではデボラ、エフタの娘、日本ではアマテラスに当てはまるが、天の鈿女命のような女性の預言者が伝達してきたものである、と結論している」

三、伊勢の語源解の説明として「伊勢」の地名語源は「コレワイセー」は「イセ」をイシェと発音すべきところ訛った。ヘブル語 ישוע 「彼救い主」「彼救う」という意味である。

四、イエスはイシェ（伊勢）である。本来イシェと発音すべきところ、イセとなったが、現行日本語のイエス・キリストは、イセ・キリストと発音する方が正確に近い。カトリックのイエズス、英語のジーザスをキリストがお聞きになったらお笑いになるだろう。

ヘブル語の「イシェ」はギリシャ語の「イエスース」に訳され、それから「イエス」に転化した。

伊勢遷祀と基督紀元の表記（『日本ヘブル詩歌の研究』上巻百十一頁）のところで記している箇所がある。

日本皇室に政教分離の運動がおこり、崇神天皇の時、鏡剣を分離して、豊鉏入日売命（崇神天皇の皇女のひとり）を斎宮に参らせ、垂仁天皇の代には最後に倭比売命（倭姫）に奉剣させた。その同年同月同日、世界の救い主、イエス・キリストがマリヤの胎内に宿った。神の摂理、歴史上の偶然とすべきか、さもなくば必然である。

なぜ川守田氏の説を取り上げるかといえば、他の多くの説は古代日本の出来事と聖書の出来事を結び付けることに懐疑的であるからである。

酒井勝軍《かつとき》の『神秘之日本』で川守田氏の民謡中に散見するヘブル詩の一つ二つを例に挙げ迷惑だとする。なぜなら川守田氏のヘブル詩は、すべてキリスト誕生以前の六六〇年、神武天皇年代以前のものばかりであるとする。

また明治の奇学、木村鷹太郎《たかたろう》の説である。

紀元元年をキリスト誕生とするのはギリシャ語の Ise（Isos, Isa, Isis）で存在、完全、健在を意味しイエスの語源（Iasos, Ise）と同じ Is を語幹としての変化にすぎない。そのようにキリスト紀元も伊勢紀元も同じように見えるが、実は神鏡の伊勢鎮座紀元で人物名称の伊勢紀元とすることを正当化するのはいかがとの批判に対し、川守田氏は、「伊勢」の語源をギリシャ語に求めたのは誤謬《ごびゅう》であるかもしれないが、「伊勢」と「イエス」は同語である。日本民謡のヘブル語であること、神輿の周りで掛け声をかける信仰告白がヘブル語であることの立証を挙げ、イエスという発音は、ヘブル語のイシェという語をギリシャ語のイエスースという語に訛らせたことによる、と説明する。

皇室は世々三種の神器を保持し、十一代垂仁天皇の二十五年に皇女倭姫が伊勢神宮にアマテラスの御霊代として伊勢に祭られるや、神の御霊が、たちまちユダヤ王統の処女マリヤに感応しその胎内に宿ったという。紀元前五年である。

十月十日後の西暦紀元前四年、その年に世界の救い主イエス・キリストの誕生となった。

なお、イエスの誕生は、十二月二十五日ではない。北欧の神話を取り入れたのである。日本書紀の十月甲子《きのえね》は太陽暦の九月某日で、羊飼いたちが、野宿をしながら羊の群れの番をしていたという表現に一致する。ベツレヘムは十月から十一月にかけて雨期に入り、野宿などできない。十二月二十五日はなおのことである。聖書預言はすべて月暦と関連している。神の子イエスの誕生は、神が人の姿を仮にとられたという意味であり、それが仮庵の祭りなのである。日本では中秋の名月のとき、満月の日と重なる。イエスが三十三歳半でその生涯を終わられた過ぎ越しの祭りの日から逆算すればちょうど仮庵の日に当てはまるのである。ちなみに懐妊した日が、クリスマスの時期となる。

イエスが生まれた時、東方の博士たちがエルサレムにやってきて、ユダヤ人の王としてお生まれになった方はどこにおられますか。私たちは東のほうでその方の星を見たので、拝みにやって来た。時のユダヤの王、ヘロデは恐れて、博士たちに星の出現の時期を突き止めさせた。ヘロデ王は私も拝みに行きたいから、わかったら知らせてくれと頼んだ。しかし博士たちは、幼子のいる家に入って贈り物をささげて、王に知らせず、別の道から自分の国に帰って行った。王は博士たちにだまされたことがわかると、二歳以下の男の子をひとり残さず殺させた。なぜ生まれたばかりの赤ちゃんだけを殺さなかったのか。二歳という年齢は博士たちから突き止めた時間から割り出したと聖書に書かれてある。ということは、博士たちがユダヤ人の王が生まれた星を見たのは、二年前であったことになる。倭姫が奉剣した場所から、二年かかって旅したのではなかったか。一五四九年ザビエルがスペインからインド、日本への旅でも途中の滞在期間を差し引けば一年半以上かかっている。

佐伯は垂仁天皇の兄と妹を比べる愚かさを示す物語があると話し出した。

垂仁天皇は沙本毘売《さほびめ》を妃にした。妃の兄、沙本毘古王《さほびこのみこ》（開化天皇の子・垂仁の叔父にあたる）が、妹に「夫と兄とどちらを愛するか」と問うた。妹は「兄を愛しています」と答えた。兄は「その言葉が本当なら、私と二人で天下を治めよう」と何度も妹に迫り、よく切れる紐付きの小刀を渡した。

「この小刀で、夫の天皇が寝ているところを刺し殺しなさい」と命じた。

天皇はその謀りごとを知らず妃の膝を枕に休んでいた。沙本毘売は紐小刀で御首を刺そうと三度も振り上げたが、涙があふれ、その涙が天皇の顔に落ちた。驚いた天皇は目を覚まし言った。

「私は夢を見た。沙本《さほ》のほうから大雨が近づき、急に私の顔を濡らした。また錦色の蛇が私の首に巻きついた。なんだろうこの夢は」

妃は兄との陰謀をすべて打ち明け夢の真相はこうです、と白状した。そこで天皇は、妃の兄への征伐軍を兄の軍隊がいる稲城《いなき》（稲を積んで作った城）に向かわせた。妃の沙本毘売は妊娠していたが、兄をかわいそうに思い、兄のところへ逃げだした。天皇は后が妊娠していること、三年もともに過ごし愛したことを偲ばれ急に攻めることはしなかった。そのうちに妃に子が生まれた。妃はその子を稲城の外に置き使者を立てていった。

「もしこの子を天皇の御子と思われるなら、お引き取りください」

天皇は、「兄を恨みに思うが、お前は愛おしい」と言い、従者の有能な者たちに命じた。

「御子を取る時母親も奪うのじゃ。髪でも手でもつかんで引き出せよ」

沙本毘売はそれを知って髪を剃り、剃った髪で頭を覆った。玉の緒を腐らせて、三重に手を巻き、酒で衣服を腐らせまとった。そして城の外に出た。そこへ兵がやって来て、御子を取り母親を捕まえようとした。髪をつかめば髪はずり落ち、手を握れば玉の緒が切れ、服をつかめば服が破れた。子は奪えたが母を得ることはできなかった。

天皇に一部始終を報告すると天皇は悔い恨み、玉を作った人たちを憎みその土地をすべて没収してしまった。

そこで、「地《ところ》を得ぬ玉作《たまつくり》」といい、賞を得ようとしたことによってかえって罰を受けることの諺となっている。この後、天皇は沙本毘古王を殺した。すると、沙本毘売も自害して果てた。子である本牟智和気御子《ほむちわけのみこ》は父親である垂仁天皇のもとで育った。

そう、イスラエルの歴史には、ユダヤ人を迫害したハマンが賞を得ようとして、逆に罰を受け滅びる話がエステル記にある。またダビデの子の三男アブシャロム、四男アドニヤは野心を抱き父ダビデに背き滅んでいく。ことわざの「地を得ぬ玉作」そのものである、と敷島がまた話した。

本牟智和気御子は「御子」と記されているが、天皇に即位することはなかった。母の沙本毘売が反逆者とされたことに原因があると明治天皇の玄孫である竹田恒泰氏は考えておられる。このように古事記の記述からそれぞれが解釈するのは、日本の天皇の立場や有様に深い理解を得ることになる。垂仁天皇は、本牟智和気御子が成人しても言葉が話せなかったので大切に扱った。それは夢で出雲大神（大国主）が現れて、「私の宮を天皇の宮殿のように造れば御子は話せるようになる」と言われたからであった。御子が話せなかったのは、大国主の祟りであった。かつて国譲りのときに、大国主がりっぱな宮殿に住むことが条件とされていたからである。そこで出雲の宮を改築すると御子が話せるようになった。

大国主は崇神天皇の御世にも現れ、正しい系統の意富多多泥古《おおたたねこ》に自分を祭らせるよう求めた。三輪山の祭祀は男系であらねばならないからである、と。すると疫病の祟りがやみ、国は安らかに治まった。正しい男系の意富多多泥古によって大物主神が祭られることになったからである。（二百十九頁参照）

古事記の記述からすれば、現在の時点（令和元年十二月）で、女系天皇に世論も賛成する比率が多いと言われているが、皇室典範第一章第一条に「皇位は、皇統に属する男系の男子が、これを継承する」の書き換えの挙がされるならば、どのような祟りが日本国と日本人に起こるやもしれぬのが恐ろしい。

祭司エリにふたりの息子、主の祭司ホフニとピネハスがいた。このふたりはよこしまな者で、主を知らず、民にかかわる祭司の定めについてもそうであった。だれかが、いけにえをささげていると、まだ肉を煮ている間に、祭司の子が三又の肉刺しを手にしてやって来て、これを、大なべや、かまや、大がまや、なべに突き入れ、肉刺しで取り上げたものをみな、祭司が自分のものとして取っていた。……それどころか、人々が脂肪を焼いて煙にしないうちに祭司の子はやって来て、いけにえをささげる人に、「祭司に、その焼く肉を渡しなさい。祭司は煮た肉は受け取りません。生の肉だけです。」と言うので、人が、「まず、脂肪をすっかり焼いて煙にし、好きなだけお取りなさい。」と言うと、祭司の子は、「いや、いま渡さなければならない。でなければ、私は力ずくで取る。」と言った。このように、子たちの罪は、主の前で非常に大きかった。主へのささげ物を、この人たちが侮ったからである。

祭祀としてふさわしくない者が携わっていると、神は裁かれる。

イスラエルの敵であるペリシテ人と戦ったので、イスラエルは打ち負かされ、おのおの自分たちの天幕に逃げ帰った。その時、非常に激しい疫病が起こり、イスラエルの歩兵三万人が倒れた。神の箱は奪われ、エリのふたりの息子、ホフニとピネハスは死んだ。聖書は裁きと表現しているが、別のことばでいうならば祟りである。

世界の終わりのしるしは方々で地震がおこり、のろいと恐慌と懲らしめがおこる。これは神の宣託をないがしろにする者への警告である。旧約聖書（申命記二十八章）にも古事記にもある。指導者の神への背きの行為は裁きと祟りの要因となる。


ダビデの世でも同じ祟りが起こった。民が苦しんだことが記されている。サムエル記下の二十四章である。ダビデ王は心高ぶり民の人数を数えるという間違いをやった。

さて、再び主の怒りが、イスラエルに向かって燃え上がった。主は「さあ、イスラエルとユダの人口を数えよ」と言って、ダビデを動かして彼らに向かわせた。……ダビデは、民を数えて後、良心のとがめを感じた。そこで、ダビデは主に言った。「私は、このようなことをして、大きな罪を犯しました。主よ。今、あなたのしもべの咎を見のがしてください。私はほんとうに愚かなことをしました。」と王は自分の過ちに気づいたが遅かった。

朝ダビデが起きると、次のような主のことばがダビデの先見者である預言者ガドにあった。「行って、ダビデに告げよ。『主はこう仰せられる。わたしがあなたに負わせる三つのことがある。そのうち一つを選べ。わたしはあなたのためにそれをしよう。』」ガドはダビデのもとに行き、彼に告げて言った。「七年間のききんが、あなたの国に来るのがよいか。三か月間、あなたは仇の前を逃げ、仇があなたを追うのがよいか。三日間、あなたの国に疫病があるのがよいか。今、よく考えて、私を遣わされた方に、何と答えたらよいかを決めてください。」

ダビデはガドに言った。

「それは私には非常につらいことです。主の手に陥ることにしましょう。主のあわれみは深いからです。人の手には陥りたくありません。」すると、主は、その朝から、定められた時まで、イスラエルに疫病を下されたので、ダンからベエル・シェバに至るまで、民のうち七万人が死んだ。

王が間違いを犯すと民が苦しむのは、イスラエルでも日本でも同じである。日本に関する限り、人の上に立つ者がふさわしくない場合とか罪を犯す者たちが多くなると、自然災害が起こるようだ。ノアの洪水がしかりである。日本での地震、津波、そしてそれに伴う人災と言われている原子力発電事故の災害も、神の裁き、祟りと考えられるかもしれない。王や政治家が間違った政治をすると、民が祟《たた》られる。これを古事記も聖書も語り継いでいる。

垂仁天皇が崩御されたのは百五十三歳。身長百九十センチ（一丈二寸）、膝からくるぶしまで約七十四センチ（四尺一寸）あった。

イスラエル初代王サウルは民の中に立つと、民のだれよりも肩から上の分だけ高かった。

垂仁天皇の子本牟智和気《ほむちわけ》御子は言葉を話せなかった。またサウル王の子、ヨナタンにも、足の不自由な息子がいた。サウルとヨナタンの悲報がイズレエルからもたらされたときその子は五歳であった。うばが抱いて急いで逃げた時その子を落とした。そのためにこの子は足なえになった。名をメフィボシェテといった。このように、王の肉親に障碍者がいたことを古事記も聖書も包み隠さず書く。

敷島の話に皆が引き込まれていった。

神からの試練の摂理が人の上になされるのは、子の悪を父が懲らしめるようなものだと佐伯は言った。恐ろしく厳粛なことである。古事記にも聖書にも心して取り組むことの重大さを幸太郎は覚えた。

十二代景行天皇は、多くの妻をもち、実に八十人の御子をさずかった。二十一王の名は記録されており、五十九王は名前が記録されていない。記録されている一人、小碓命《おうすのみこと》が倭建命《やまとたけるのみこと》である。兄の大碓命《おおうすのみこと》が父の言うことを聞かないので、小碓命は兄の手足を引きちぎり袋に包んで投げ捨てる。父が兄を教え諭せと弟に命じたが、弟のやり方はあまりにも衝撃的であった。景行天皇は荒い性質の弟を大和から追放する口実として西征を命じた。

しかし、小碓命は追放されたとも知らず、勇んで出かけて行った。

西にいる熊《くま》曾建《そたける》兄弟を成敗するようにと命じられた小碓命は、九州南部の熊曾建の家に着いた。周囲には兵士が三重に取り巻き守っていた。家は頑丈であり、ちょうど新築の宴の準備をしていた。宴の日に小碓命は髪を垂らし、叔母の倭比売命から借りた衣装を着て女に化けて入り込んだ。

熊曾兄弟は女装した小碓命をたいへん気に入り、兄弟の間に座らせた。宴の最中に小碓命は、懐から剣を取り兄の熊曾の胸を突き刺した。弟の建は怖くなって逃げだしたが小碓命はすぐに追いついた。家の階段の下で弟の背中をつかみ剣を尻から突き刺し通した。すると熊曾建は「剣を動かさないでください。話したいことがある」というので、とどめを刺すのをやめ、押し伏せた。

「あなたはどなたですか」と聞くので、景行天皇の御子、山男具那王《やまとおぐなのみこ》である。天皇はお前らを打ち取るように私を遣わしたのだ」と言った。

熊曾弟は、「西の方では、私たち二人のほかに強いものはいない。しかし大和にはもっと強い方がいます。そこであなたには御名をさし上げましょう。倭建御子《やまとたけるのみこ》と称えましょう」、と言った。言い終わると、爪を切り刻むように、小碓命は弟の熊曾の体をずたずたに切り刻んだ。その時から名を倭建命《やまとたけるのみこと》という。

こうして大和の地に帰る途中、山の神、河の神、海峡の神を平定した。

倭建命の出雲征伐

大和に帰る途中出雲国に入り、出雲建をも殺そうと思い立ち寄った。そして友達になった。

ふたりが斐伊川《ひいがわ》で沐浴をしていたとき、倭建命が樫の木で作った太刀と出雲建の刀を交換しようと持ちかけた。いざ太刀合わせをしようとしたとき、偽の太刀を握らされた出雲建は太刀が抜けずに殺されてしまう。こうして、ことごとく平定して都に帰り天皇に仕えた。

倭建命は勇敢さだけではなく、悪智恵にも長《た》けていた。偽の太刀を準備するなど用意周到さが見える。いわゆるだまし討ちだ。このようなやり方もきちんと記述している古事記は、私たちに何を教えようとしているのだろうか、と佐伯は皆に尋ねた。

「勝てば官軍か」

「智恵を尽くして勝利せよ」の教えだ。「いや、このやり方は間違っている。謀略はだめなことは明らかである」

「天皇に仕えることが絶対であることに念を押すため」「倭建命は年が若く、何とかして父に認めてもらいたい一心が見て取れる」

様々の意見の交換もでたが、敷島が一言。

一人一人の受け取り方があって当然、それぞれの意見を受け止め、それを人生で生かしていくことが大切だとしめくくり、次の聖書箇所から結論を引き出した。

イスラエルの民がエジプトを脱出し、荒野を旅した四十年後、ヨシュアは約束の地を手に入れるために先住民と戦う。その数は海の砂のように多く、馬や戦車も非常に多かった。これらの王たちはイスラエルと戦うためにメロムの水のあたりに一つになって陣を敷いた。主はヨシュアに仰せられた。
「彼らを恐れてはならない。あすの今ごろ、わたしは彼らをことごとくイスラエルの前で、刺し殺された者とするからだ。」（中略）ヨシュアは、主が命じたとおりに彼らにして、彼らの馬の足の筋を切り、彼らの戦車を火で焼いた。（中略）その中のすべての者を剣の刃で打ち、彼らを聖絶した。息のあるものは、何も残さなかった。彼はハツォルを火で焼いた。ヨシュアは、それらの王たちのすべての町々、および、そのすべての王たちを捕らえ、彼らを剣の刃で打ち殺し、聖絶した。主のしもべモーセが命じたとおりであった。（中略）これらの町々のすべての分捕り物と家畜とは、イスラエル人の戦利品として自分たちのものとした。ただし人間はみな、剣の刃で打ち殺し、彼らを一掃して、息のあるものはひとりも残さなかった。主がそのしもべモーセに命じられたとおりに、モーセはヨシュアに命じたが、ヨシュアはそのとおりに行い、主がモーセに命じたすべてのことばを、一言も取り除かなかった。（ヨシュア記十一章六節〜十五節）
倭建命も、天皇の命には忠実に従った。
佐伯が引き継いだ。

次に、倭建命は東征に向かう。東海地方の荒ぶる神、従わない者たちの平定のためである。その時叔母の倭比売命に、「天皇は私が死んだほうが良いと思っている。帰って間もないのに軍勢も与えずに東方十二道の悪人たちを平定するよう遣わすとは……」と言って泣いた。倭比売命は草薙剣を賜り、袋を渡し「困った時はこれを開けなさい」と言った。

相模の国にさしかかった時、「この野の中に大沼があり、そこに住む神は霊力のある神である」とその国の国造が偽った。倭健命がその沼に入るとその国造は野に火をつけた。欺かれたと知ると、もらった袋を開けた。すると火打石が入っていた。まず剣で草を払い、火打石で火をおこし、向かい火をつけて野を焼き、国造を打ち破って焼き殺した。その所を焼遺《やきづ》、今の焼津である。

先に進まれて走水海《はしみずのうみ》（浦賀水道）を渡ろうとしたとき、海峡の神が波を起こして船を翻弄《ほんろう》した。そこで妃の弟橘比売命《おとたちばなひめのみこと》が命をかけて言った。

「私が御子の代わりになって、海に入りましょう」

菅畳八重《すがたたみやえ》、皮畳八重《かわたたみやえ》、絹畳八重《きぬたたみやえ》を波の上に敷いて、そこに下った。すると波はおさまり、船を進めることができた。身代わりの死である。七日後、弟橘比売命の櫛が海辺で見つかり、その櫛を取り、墓を作って納めた。

さらに進み、蝦夷たちをすべて説得し、山河の荒ぶる神たちを平定し、倭に帰られた。

倭建命の終わりのない戦いに明け暮れる日々が続いた。手柄を立てれば立てるほど景行天皇は恐怖心を募らせる。天皇は若者を愛で育てるよりむしろ嫉妬心の奴隷になった。西方を成敗する時服を授かり、東方を成敗する時草薙剣と火打石を授かった倭建命。アマテラスからの力を象徴している。倭建命も倭比売命の名前にも倭があるということは、両者とも大和朝廷の基礎が固まる時期に大きな働きをしたことがその名前からもうかがえる。

敷島はこの倭建命の立場が、ダビデと同じであると説明した。

サウル王はダビデが勝利を収め帰国すると、何度も戦いに駆り出した。ダビデの勝利を王として喜ばなかった。サムエル記には「サウルはダビデを恐れた。主はダビデとともにおられ、サウルのところから去られたからである。……ダビデはその行く所、どこでも勝利を収めた。主が彼とともにおられた。ダビデが大勝利を収めるのを見て、サウルは彼を恐れた。」とある。

次の記述は、景行天皇そのものだと、そこを読んだ。

ある時、サウルはダビデに言った。「これは、私の上の娘メラブだ。これをあなたの妻として与えよう。ただ、私のために勇敢にふるまい、主の戦いを戦ってくれ。」サウルは、自分の手を下さないで、ペリシテ人の手を彼に下そう、と思ったのである。（サムエル記上十八章）

佐伯に過去の思い出が蘇った。三十代の頃、上司への提言が退けられた。その後、その上司がそれを専務に提出した。そのおかげで上司は部長に抜擢された。部長になった上司は佐伯を冷たくあしらうようになった。数年後、社是である「社員は家族、下請けは親族、会社は世に貢献」の理念を無視する部長のやり方に、首を覚悟で社長に直訴した。すると佐伯は支店長に抜擢され、部長は降格となった。佐伯の神は生きておられた。

純子は感動した。愛には恐れがない。恐れは不安の温床である。愛のない行動こそが自己中心のサウルを生んだ。王であるがゆえに、民に与える影響はとても大きい。純子は神と共に人生を歩もうと決めた。幸太郎に誘われ古事記と聖書を親しく学ぶことができたこと、それによって日本人としての自分と神との壁が、知らない間に溶けてしまったこと。日本人を知ることで、キリストに近づけたのだ。

幸太郎も純子もキリスト信仰が日本の古代史に根差しているとの解説を、目を丸くして聞くほかなかった。なぜほとんどの日本人は神を知らずに拝んできたのだろうか。

君江も同じだった。聖書を読み霊的な意味を知るにつれて、この福音をどのようにして日本人に話せばいいのかわからなかった。そんな時、日本の文化に内在する古代イスラエル民族の話を聖書から聞いた。驚いたのは幸太郎や純子だけではない。

幸太郎の得意は背負い投げである。ツボに嵌《はま》れば相手を畳の上に仰向きにすることができる。そのツボに嵌《は》めるためにはどのように右足を出すのか、左足をどこに運べばいいのか、そのタイミングに苦しむ。イメージトレーニングのひらめきは何度もあった。そのチャンスが訪れるまで練習する。すると面白いように技が決まる。

幸太郎の脳裏に日本人に聖書を伝える方法の型がひらめいた。そんな土曜日のひと時がこの数ヶ月であった。

純子は家の教会に集い、敷島夫妻とも親しくなった。聖書のことばに一層の関心を抱くようになったが、信仰を保つことと日常の生活との違和感も覚えるようになっていた。幸太郎に聞いても、「焦らなくていいよ。誰でも通る道だよ」と言われるだけだった。

君江は、「赤ちゃんが早く歩きたいと言ってるようなものよ、ミルクを飲んで大きくなったら自然に歩けるようになるわ」と言う。今の純子にとってのミルクとは、敷島の家の教会であった。幸太郎も一緒に集い純子への思いは募るばかりであった。

帰り道、幸太郎が純子に言った。「まもなくクリスマス、みんな令和二年に向かって準備しているね」

「鈴木さんは去年のクリスマスはどうしてたの？」

「ジムと一緒に教会で賛美歌を歌って、いつものように楽しんだよ」

「今年は？」

「佐伯さんの家でクリスマスを祝おうと思っている。君との初めてのクリスマスだね。十二月二十二日の日曜日が祝会となるって佐伯さんが言ってたな」

別れ際に幸太郎が立ち止まり純子をまっすぐ見て言った。

「今度の水曜日、柔道の試合がある。見に来てくれないか」

「応援してほしいということ？」いたずらっぽく聞いてみた。

「まあ、そういうこと」

「喜んで」純子はうれしかった。一生懸命応援しようと思った。

幸太郎と別れての帰り道、純子は考えていた。幸太郎さんの応援には喜んで行きたい、幸太郎さんは大切な人。でもお見合いは喜んでしたいと思わない。父を喜ばせるため？　でも自分の喜ぶことだけを選ぶのはわがままではないのか……でも、幸太郎さんへの思いを秘めたままのお見合いでは相手の方にも失礼だわ……こんな時誰かが背中を押してくれたら……「愛には恐れがない。恐れは不安の温床である。愛のない行動こそ、自己中心の醜いサウロを生む。」ふとダビデとサウルの話が思い出された。あの時私は神と共に人生を歩もうと決めたはず。純子の心は決まった。お見合いはしない、と父に言おう。

純子は居間にいた父に話し出した。

「お父さん、私はひと月くらい前から教会に行っています。日曜日出かけてたでしょ。気がついてたと思うけど、訳をきちんと話さないでごめんなさい。前に話した鈴木さんがクリスチャンで、誘われたの。いろいろ学んでいるうちに結婚するなら同じ価値観をもつ人の方がいいと思うようになったの。だからこの前のお見合いの話はお断りして」

父は黙って聞いていた。

「そうか……わかった、その鈴木とかいう若者を純子はどう思ってるんだ？」

「結婚相手としてこの人だという確信はまだないわ、でも好きなの」

「あなたもまだ若いしね、しっかりした人が見つかるといいわね。これだけは純子次第だからね。でもその教会はどんなところなの。大丈夫？　キリスト教にも色々あるんでしょ……」

母が心配そうに聞いた。

純子は、佐伯家でもたれる土曜日の「古事記と聖書」の集いのことを話した。

「私も一度、その土曜日の集いとやらに参加してみようかな？　純子は読書が趣味だしな。私も若いころは聖書を読んだこともあるよ」と父はいつにも増して饒舌であった。今まで純子が漠然と思っていたことは、キリスト信仰を父母に話すと嫌がられ、その上ののしられるかもしれないという恐れである。父も母も理解してくれたので、純子は内心ホッとした。

水曜日が来て、幸太郎の応援に行った。幸太郎は見事な一本勝ちであった。それも得意の背負い投げであった。

「おめでとう！」純子は力いっぱい幸太郎の健闘を称えた。

幸太郎はうれしそうに純子に一礼した。

……この人は私を背負い投げで助けて、今私を背負い投げで倒してくれそうだ……幸太郎さんをこんなに好きなのに……お見合いを断ってよかった。でも私から幸太郎さんに告白はできないわ……。

イザナミが先に声をかけた「アナニヤシ」の話を純子は知らなかったが、男性の方から声をかけてほしい。自分でも古臭いと思う。友達にも古臭いと言われる。でもどう思われようと譲れない……と自分を納得させた。着替えて控室から出てきた幸太郎は純子と会場をあとにした。外はもう真っ暗だった。冬至が近いせいか日の暮れるのが早い。駅に向かう途中の小さな公園のところで幸太郎は立ち止まった。幸太郎が純子の方に向きをかえて言った。「純子さん、これから結婚を前提につき合ってくれませんか」

幸太郎は純子がキリストを信じた時、この女性ならといつも祈っていた。イザナギやイザナミと、同じ失敗だけはしたくなかった。今日の試合で一本勝ちを決めたら純子に告白しようと前から決めていたのだ。

「……私はこの時を待っていたんだわ……」純子の心に喜びが込み上げてきた。「私は今世界で一番の幸せ者だわ」そう思ったら涙があふれた。

「私も……」あとはことばにならなかった。

純子は自分の考え方が以前と変わったこと、古事記と聖書の学びが楽しかったことを幸太郎に話した。二人は駅で別れた。純子は改札口を通ってから何度も振り向いて笑顔で手を振った。

純子が家に帰ると父が、「今年のクリスマスは友人の家族と一緒にしたい。三人来るから高志も純子も二十一日の土曜日は開けておけよ」と言った。父は人を招いて食事したり、一緒に話をしたりするのが好きだった。

十二月十四日、この年最後の集いは五名だけで古事記を囲む土曜日であった。

今日は倭建命の最期を少しにして次へ進むことにしよう、と佐伯は始めた。景行天皇のころなのに倭建命の業績ばかりを古事記は記している。それほどこの倭建命の存在が大きかったのであろう。

大和への帰途で科野国《しなののくに》から尾張国《おわりのくに》の美夜受比売《みやずひめ》のところに戻られた。結婚の約束を守られたのである。美夜受比売はようやく帰って来られた倭建命に大御食《おおみけ》（天皇へ出される御膳）を献上し、大御酒盞《おおみさかずき》（天皇に差し上げる酒）を捧げ祝福した。

これらの献上物により、倭建命が天皇としての代理であることがわかる。

美夜受比売と結婚された後、伊吹山（滋賀県と岐阜県の境にある山）の神を討ちに出かける。その時、御刀である草薙剣を、美夜受比売の元に置き「この山の神は、素手で倒してやる！」

と言って出発した。その山に登った時、山の麓《ふもと》で白い猪に遭遇したがその大きさは牛ほどもあった。そこで、倭建命は、言挙《ことあげ》した。「この白い猪に化けているのは、その神の使者だな。今殺さずとも帰る時に殺してやろう！」と言ってそのまま山を登って行った。言挙とは自分の意思をあらわにし宣言することである。古代では言挙しその内容が間違いであった時は、効力を失い自分の力も失うとされていた。すると突然激しい雹《ひょう》や雨が降って来て、雹と雨に打たれ意識を失ってしまった。実はその白い猪は神の使者ではなく、山の神そのものだった。しかし倭建命は「山の神の使者」と言挙してしまったので、その怒りを買い気を失ってしまった。意識朦朧とする中で山からなんとか帰り、玉倉部《たまくらべ》の清水（岐阜県不破郡関ヶ原町玉）に着き休んでいると意識が回復した。そこから出発し、当芸野《たぎの》（岐阜県養老町）の辺りに着いた時こう言った。

「私の心は、常に空を飛び翔けて行けると思っていた。しかし今は、私の足は歩くことも出来なくなり、たぎたぎしく（腫れてぼこぼこに）なってしまった」

そこから少し進むが、とても疲れ、なんとか杖をついてそろそろと歩くことができた。そこで、その地を杖衝坂《つえつきざか》（三重県四日市市）という。

ここで敷島が、解説に乗り出した。

イエスも言われている。「さらにまた、昔の人々に、『偽りの誓いを立ててはならない。あなたの誓ったことを主に果たせ』と言われていたのを、あなたがたは聞いています。しかし、わたしはあなたがたに言います。決して誓ってはいけません。すなわち、天をさして誓ってはいけません。そこは神の御座だからです。地をさして誓ってもいけません。そこは神の足台だからです。エルサレムをさして誓ってもいけません。そこは偉大な王の都だからです。あなたの頭をさして誓ってもいけません。あなたは、一本の髪の毛すら、白くも黒くもできないからです。だから、あなたがたは、『はい』は『はい』、『いいえ』は『いいえ』とだけ言いなさい。それ以上のことは悪いことです。」（マタイによる福音書五章三十三節〜三十七節）。

私たちは少し強くなり物事がうまく運ぶとすぐに慢心する。心が高ぶり、自信過剰になりやすい。倭建命もそうであった。草薙剣も持たず、素手でもなんとかなると慢心を起こしたのであろう。見くびったのである。人はその落とし穴にはまると意気消沈する。神は高ぶる者を退け、へりくだる者を祝福される。しかし、倭建命は惨めな反省をすることになった。

ペテロがイエスを打ち消し、誓って、「そんな人は知らない」と言った。裏切りを誓うわけだから度が過ぎる。しかしイエスはそれさえを赦し、使命を与えた理由はペテロが泣いて悔い改めたからである。

マルコの福音書は次にように記す。

「しかし、彼はのろいをかけて誓い始め、『私は、あなたがたの話しているその人を知りません。』」するとすぐに、鶏が、二度目に鳴いた。そこでペテロは、『鶏が二度鳴く前に、あなたは、わたしを知らないと三度言います。』というイエスのおことばを思い出した。それに思い当たった時、彼は泣き出した。」

イエスは蘇ったのちにペテロに言われた。同じことを同じ言葉で、三度も語られた。「イエスはシモン・ペテロに言われた。「ヨハネの子シモン。あなたは、この人たち以上に、わたしを愛しますか。」ペテロはイエスに言った。「はい。主よ。私があなたを愛することは、あなたがご存じです。」イエスは彼に言われた。「わたしの小羊を飼いなさい。」

幸太郎と純子は誓いのことばを交わしてはいない。しかし約束の重さは知っていた。幸太郎は純子に「言挙」したのだ。ふたりは黙ったまま見つめ合った。

佐伯が、倭建命の最期のところにきた。

倭建命は、杖をついて歩き尾津前《おつのさき》（三重県桑名市多度町付近）の一本松のもとになんとか辿り着いた。三重の村（三重県八日市市采女町）である。

「私の足は三重に曲がりまるで勾餅《まがりもち》のようだ。とても疲れた」と言った。そこでその地を三重と言う。

そこからさらに進み、能煩野《のぼの》（三重県鈴鹿市、亀山市にまたがる地域）に着いた時、故郷の大和国を想い、歌を詠《よ》んだ。

「倭《ヤマト》は　国のまほろば　たたなづく　青垣《あおがき》山隠れる　倭しうるはし」（大和は、国々の中でも

最も良い国である。たたみ重なる青々とした垣根のような山々に囲まれた大和よ。美しい）

猛々しい御子であったが歌を詠む心の深さは、年輪を重ねた丈夫《ますらお》の姿である。また、次々と歌を詠むのであるが倭建命の病は切迫する。そして最後に次のように歌を詠まれた。

「嬢子《おとめ》の　床の辺に　我が置きし　剣の大刀　その大刀はや」

乙女、美夜受比売《みやずひめ》の床の傍らに、私が置いてきた太刀（草薙剣）よ。

ああ、その太刀よ。

この歌を詠んだ後に、倭建命は息をひきとった。その訃報を伝えるため早馬が大和へと出された。それを聞いた大和の后たちと御子たちは、能煩野の倭建命の元へと下り御陵を作り、なつぎ田（御陵の周囲の田）を這い回って、嘆き悲しみながら歌を詠んだ。すると、倭建命の魂が、八尋《やひろ》（一尋が大人の両手を広げたくらいの大きさ一・五〜一・六メートル）ほどの白智鳥《しろちどり》（白鳥）の姿となり、天を翔《か》け浜に向かって飛んでいった。そこで后や御子たちは、小竹の切り株で足を切りながらもその痛みも忘れ泣きながら追いかけた。

中つ巻　四、古事記の罪の穢れと聖書の戒め

ある時、その大后の息長帯日売命《おきながたらしひめのみこと》は、神をお帰《よ》せになった。帰神《かむかがり》（かみよせ）という。神懸かる・神憑る＝神霊が人のからだに乗り移り話すことをされた。

仲哀天皇が、筑紫の訶志比宮《かしひのみや》で熊曾国《くまそのくに》（南九州）を討ち倒そうとした時、御琴《みこと》を弾き、建内宿禰大臣《たけしうちのすくねのおおおみ》は沙庭《さには》（神を祭り神託を受けるために忌み清めた庭）にて、神託を求めた。時に大后は帰神《かむかがり》（かみよせ）をして、神託をお告げになった。朝鮮半島の新羅国《しらぎのくに》は、金銀や多くの宝のある国だという神託を聞いた天皇は、高いところに登って西の方を見たが何も見えないので、神託を授けた神を偽りと退け、弾いていた琴を止めた。神託を授けた神は激怒した。

「この天下は、お前の知らすべき国にあらず、お前は死に向かえ」と告げた。

心配した建内宿禰大臣は、天皇にやはりその琴を弾いてくださいと申し上げた。天皇はしぶしぶ弾いたのだが、やがて聞こえなくなった。なんと天皇は崩御《ほうぎょ》されていた。

神の怒りに触れ呪い殺されたのである。周りの者たちは恐れおののき、亡骸を殯宮《もがりみや》（一時的に安置する）に安置し、穢《けが》れを祓うために大幣《おおぬさ》（お供えする品物）を国中から取り寄せた。

古事記のいう穢れは次のようなものである。

生剥（いけはぎ）＝獣の皮を生きたままはぐこと。

逆剥（さかはぎ）＝獣の皮を尻から剝ぐこと。

阿離（あなはち）＝田の畔を壊す行為。

溝埋（みぞうみ）＝田の溝を埋める行為。

屎戸（くそへ）＝屎などの汚物で汚すこと。

上通下通婚（おやこたわけ）＝近親相姦、己が子犯せる罪、実子との相姦母と子と犯せる罪、ある女と性交し、その後その娘と相姦すること子と母と犯せる罪、ある女と性交し、その後その母と相姦すること。

馬婚（うまたわけ）＝馬との性交。

牛婚（うしたわけ）＝牛との性交。

鶏婚（とりたわけ）＝鳥との性交。

犬婚（いぬたわけ）＝犬との性交。


などの神道における罪（天つ罪・国つ罪）の類をさまざまに調べ、国の大祓《おおはらえ》をして、また、宿禰は祭場で神のことばを求めた。されば国の向こうの西の国を攻めろというものだった。このとき神からのお告げは、「およそ、この国は、あなた（神功皇后）の御腹にいる御子が治める国である」であった。そこで建内宿禰は、「では、恐れながら、今、皇后のお腹においでに

なりますお子さまは、男のお子さまと女のお子さまと、どちらでいらっしゃりましょう」と伺う。すると、

「お子はご男子《なんし》である」とお告げになった。

宿禰はつづけて尋ねた。「このように教えてくださるあなたさまは、どなたさまでいらっしゃいますか。どうぞ御名をお教えください」

神さまは、やはり皇后のお口を通して、「これはすべてアマテラスのおぼしめしである。また、底筒男命《そこつつおのみこと》、中筒男命《なかつつおのみこと》、上筒男命《うわつつおのみこと》の三人の神も、いっしょに申し下しているのだ」と。

そこではじめて御名をお告げになった。この三柱の神は、アマテラスの大神と同じく、イザナギ、イザナミの禊で生まれた神で、住吉大社（大阪市住吉区）の御祭神の墨江大神《すみえおおかみ》である。

なお三柱の大神は続けて言われた。

「もしそなたたちがほんとうにあの西の国を得ようと思うならば、まず大空の神々、地上の神々、また、山の神、海と河との神々にことごとくお供えを奉り、それから私たち三柱の神の御魂を船のうえに祀り真木《まき》の灰を瓠《ひさご》に入れよ。また箸と盆とを多く作りそれらを海の上に散らして浮かべ、その中を渡って行くがよい」

それで、神功皇后はすぐに軍勢を集め、船をつらねて大海のまん中へ進んだ。大小あらゆる魚が船を背中に担いで渡っていった。そこに追風が吹き、波に任せて飛ぶように走った。

そのうちに、そのたいそうな大船に押しまくられた大浪《おおなみ》は大海嘯《おおつなみ》となった。これより皇后が

征伐しようとする新羅の国へ、どどんと打ち上げ、あっという間に国の半分までも呑み込んだ。こうして新羅国王が降参し天地の続く限り仕えると申し上げた。そこで神功皇后は帰国された。

穢れに関しての教えはどこから来たものなのか、記載はない。宿禰が神のことばを求めたとはあるが、どこからその教えを戴いたのかは不明である。

敷島は旧約聖書レビ記を開いた。

これらの戒めは神さまによってモーセに与えられた、と記されている。レビ記十章十節と十一節である。「それはまた、あなたがたが、聖なるものと俗なるもの、また、汚れたものとよいものを区別するため、主がモーセを通してイスラエル人に告げられた。」

聖書に戒めがある。レビ記十九章十九節「二種類の種をまいてはならない。」という戒めである。古事記にあるように田の畔や溝への戒めはない。日本は稲作中心の国なので、そのために知恵の一環として記されたと思われる。

近親相姦に至っては、実に明快である。

「あなたは女と寝るように、男と寝てはならない。これは忌みきらうべきことである。」（レビ記十八章二十二節）

人がもし、父の妻と寝るなら、父をはずかしめたのである。ふたりは必ず殺されなければならない。人がもし、息子の嫁と寝るなら、ふたりは必ず殺されなければならない。ふたりは道ならぬことをした。その血の責任は彼らにある。男がもし、女と寝るように男と寝るなら、ふたりは忌みきらうべきことをしたのである。彼らは必ず殺されなければならない。その血の責任は彼らにある。（レビ記二十章十一節〜十三節）

これ以降には、女をその母といっしょに娶るなら、破廉恥な行為だ。人が、動物と寝れば、その者は必ず殺されなければならない。女が、どんな動物にでも、近づいて、伏すなら、必ず殺されなければならない。血の責任は彼らにある、と続いている。

母の姉妹や父の姉妹を犯してはならない。これは、自分の肉親を犯したのである。彼らは咎を負わなければならない。自分のおばと寝るなら、……自分の兄弟の妻を娶るなら……と詳しい。

また占い、口寄せ、魔術も罪、穢れとする記述も古事記にはある。

畜仆《けものたお》し、蠱物《まじもの》する罪とは、家畜を殺してその屍体で他人を呪う蠱道《こどう》のことである。

聖書もその手の戒めには厳しい。

「あなたがたは霊媒や口寄せに心を移してはならない。彼らを求めて、彼らに汚されてはなら

ない。わたしはあなたがたの神、主である。」（レビ記十九章三十一節）

「霊媒や口寄せのところにおもむき、彼らを慕って淫行を行う者があれば、わたしはその者から顔をそむけ、その者をその民の間から断つ。」（レビ記二十章六節）

「男か女で、霊媒や口寄せがいるなら、その者は必ず殺されなければならない。彼らは石で打ち殺されなければならない。彼らの血の責任は彼らにある。」（レビ記二十章二七節）

「祭司は、あなたがたが受け入れられるために、その束を主に向かって揺り動かす。祭司は安息日の翌日、それを揺り動かさなければならない。あなたがたは、束を揺り動かすその日に、主への全焼のいけにえとして、一歳の傷のない雄の子羊をささげる。」（レビ記二十三章十一節、十二節）

このようにして穢れが収穫祭の時、そして過ぎ越しの祭りの時などに、レビ人である祭司によってお祓いをしていた。

日本にあってもお祓いは、神主が国そして人々の厄除け、穢れを祓う。

この年最後の土曜日の集いはここでお開きになった。次回は新しい年三週目の土曜日ということに決まり、別れた。

純子の家のクリスマスパーティーの日が来た。パーティーと言ってもタ食をいっしょに食べるくらいだ。純子は自分で用意した小さなクリスマスツリーを飾った。

幸太郎は少し気が重かった。父が大学時代親しくしていた友人と一年ほど前に再会し、仕事抜きで遊びに来いと誘われたそうだ。ぜひ家族ぐるみでつき合おうということでクリスマス会と忘年会ということで誘われたのである。

幸太郎は一人っ子である。母が「お父さんの友人には、兄さんと妹さんの二人のお子さんがいるそうよ。お兄さんはあなたと同じ歳で、妹さんは二十四歳と聞いているわ」と言った。

「おい、幸太郎。東森建設って知ってるだろう？　その会社の社長なんだよ」

「へぇー、おやじ、そんな大きな会社の社長と友達か。でも人は職業や地位で判断できないのはおやじもよく知っているはずだよね」

「大学のサークルは楽しかった。友情というものは、高校、大学から続いて今も継続中というのには、人間関係に何かいうにいわれぬプラスアルファがあるからだよ」

「わかるなぁ、ぼくがお世話になっている敷島さん……、お父さんにも話したことがある古事記に詳しく、聖書を信じている人だけど。四十年も前にニュージーランドに行って、その時からの友人がいるそうだよ。外国人と四十年も親しい関係だっていうのはうらやましいよ」

幸太郎の運転する車の中で話し合った父母との会話だ。

玄関を上がり、居間に通されてそこにいた女性を見て幸太郎は腰を抜かしそうになった。柔道の黒帯で鍛え上げた腰の強さをもってしても……なんとそこにいたのは純子だった。

純子もがっしりした体格の男性をチラッと見て鈴木さんみたいだと、一瞬思った。しかし次の瞬間、純子はわが目を疑った。幸太郎が立っていたのである。

二人は見つめ合ったまま立ちすくんだ。純子も幸太郎も家族ぐるみのつき合いをという両親の意向を知ったのは、ほんの二週間前であった。相手の名前も知らず、たとえ知らされていても、気がつかなかったであろう。鈴木というありふれた苗字は日本中で二番目に多い。二人の固まった様子に気づいたのは純子の母だった。

「知り合いだったの？」

佐伯は新年からの古事記と聖書の集いは、神功皇后の新羅遠征から「応神天皇」の秦氏の登場、そして最終巻の「下つ巻」、仁徳天皇に入るつもりでいた。敷島も古事記に見られる奇想天外な話を一笑に付すのはたやすいがそうすべきでないと思う。古事記はおとぎ話ではない、そこに秘められた意味を汲み取る姿勢こそ日本と日本人のルーツを探る手掛かりである。日本人の立ち位置があやふやのままで将来の展望を語ることはできない。新年には新しいメンバーも加えられるだろうという期待が佐伯と敷島にはあった。

幸太郎と純子の展開も面白くなりそうだ。これもまた、「古事記と聖書」からの日本の若者たちへの新しい知恵となることを期待して……。

モノローグ

この拙著が古事記、日本書紀に見出される日本とイスラエルの繋がりの窓口になればうれしい。なぜなら聖書に記されている神の御心が、イスラエル史の中にあるからである。イスラエルというのは国連が承認するイスラエル共和国のみを指していうのではない。二千年前にイエスがこの地上で神の国を宣《の》べ伝えた時のイスラエルを念頭にいれておかなければ、聖書預言の本来の意味を見誤ってしまうからである。

イエスはすべてのイスラエルに言われた。「きょう、救いがこの家に来ました。この人もアブラハムの子なのですから、人の子は、失われた人を捜して救うために来たのです。」（ルカ十九章九節、十節）

聖書とは世界中に存在する本の中の本である。今日、日本人が外野席に座しているところから表舞台に立つべき民族であることを知る手段として、古事記が登場する。隠された宝を掌中に収めるのはほかならぬ日本人である。日本の建国とその文化、伝統、信仰に古代イスラエル系渡来人の影響があった。それを見出すならば、聖書預言の解明にもつながる。ここまでよくお付き合いしてくださったのは望外のよろこびである。

日本人として聖書を読む一助になってほしい。日本を衰退させないために聖書を下敷きにして古事記を今一度読み直してほしい。かの著名な歴史学者、アーノルド・トインビーのことば、「十二、三歳ぐらいまでに民族の神話を学ばなかった民族は、例外なく滅びる」は金言である。本当にこの歴史学者のことばかどうかの真偽は、巷では姦《かしま》しいがそれは枝葉である。なぜなら誰が言おうと人々の心に残り語り伝えられてきた神話は、その国の隠された宝であり、その国の民に属するものだからである。

また歴史とは、実はその時代時代の争いで勝利した側の記録である。勝者側の都合に偏るのは当然である。だからと言って、書き残された事柄をすべて否定したり、無視するのも愚かである。その時代を生きていなかった者にとっての歴史とは、想像の域を超えるものではない。選択肢はふたつ、正しい想像と間違った想像である。

確実に言えることは、神話として存在するもの、しかも国の書物として残された古事記から何を想像するかである。否定することはたやすいが、しかしそれは日本人としての自己否定にほかならない。

もう少しわかりやすく説明してみよう。

徳川家康の勝利の裏には、石田三成側の敗戦の理由が存在する。勝利には勝利の道筋があり、そのときの不思議な運というのもある。大東亜戦争で日本は大敗した。しかし日本国は今も存在している。私たちは確かにここにいる。地上から消えてしまったわけではない。

私自身は今、こう考えて生きている。私の父は徴兵検査の甲種、乙種、丙種の下で丁種の目と口が不自由で兵役に適さないと判断された。だから私が今もここに存在している。だがそれだけではない。あえて筆頭にあげるとすればゼロ戦で戦った日本の若者たちが父の代わりに身をささげてくださったからこそ今の私がある、と私は考えている。

国が滅びても、その民が世界に散らされても民族として残った不思議な国がひとつだけある。千九百年後に再び勝者と敗者の言い分を神話として一笑に付すのは噴飯ものである。そこからは良いものは何も生まれない。再び建国され、今も存在する不思議な国がある。イスラエル十二部族のうちの南イスラエル、そして隠されている北イスラエルである。国を否定しては国民も民族も成り立たない。民族がもし存続したとしても力なく敗者の運命をたどる。お互いが無視し否定し合うところからは個人の尊厳などあり得ない。この世はやがて過ぎ去るのである。この矛盾の中で生を受けている私たちの望みとするのは永遠の国であり、ユダから出る君たる者が君臨する国である。もうひとつ、長子の権利をもつイスラエルの子ヨセフ（エフライム）の祝福をもつ国である。

ここでは古事記の記述を通して、イスラエルが紆余曲折の末に生き残ってきた道のりを、旧約聖書の列王記と歴代誌の王の姿を浮き彫りにした。旧約聖書にはイスラエルの王統の歴史である自らの行為、善も悪も赤裸々に記している。それこそ真実であり、誠実であり、事実として受け取りたい。

事実イスラエル人は自らのユダ王国の恥部を隠すことなく、王の悪行をこれでもかこれでもかと何度も記している。読む者の気分を害するほどである。そのたった一ヶ所、王の悪行を読むだけでも反吐《へど》が出そうだ。これは聖書が信頼するに足る良心の全身に充満したる人たちの書き記した書であることの証であろう。

イスラエルの王統は、ソロモンの息子の代になって、南北に分裂する。南のユダと北のイスラエルと聖書は書く。南のユダ族ソロモンの息子レハブアムと北のエフライム族のヤロブアムが立ち、イスラエル全家は二つの王国となった。その理由はソロモンの息子レハブアムの圧政である。

父ソロモンの長老たちに耳を傾けず、息子は自分の取り巻きの若者の助言を採用した。聖書は次のように記す。

「若者たちの助言どおり、彼らに答えてこう言った。『私の父はおまえたちのくびきを重くしたが、私はおまえたちのくびきをもっと重くしよう。父はおまえたちをむちで懲らしめたが、私はさそりでおまえたちを懲らしめよう。』（列王記上十二章十四節）

また南北王朝の争いが続く中で、次のような王の悪行の業績を見出すことができる。
「エルサレムの住民は、彼の末子アハズヤを彼の代わりに王とした。アラビヤ人とともに陣営に攻めて来た略奪隊が年長の子らを全部殺してしまったからである。こうして、ユダの王ヨラムの子アハズヤが王となった。アハズヤは四十二歳で王となり、エルサレムで一年間、王であった。彼の母の名はアタルヤといい、オムリの孫娘であった。彼もまた、アハブの家の道に歩んだ。彼の母が彼の助言者で、悪を行わせたからである。」（歴代誌下二十二章）
神の選民意識をもつイスラエル民族は、北も南も何度も敗北し、苦しみの中を通っている。にもかかわらず、一九四八年に復興を遂げたユダの南イスラエルの一部を皮切りに、今後の聖書預言によってイスラエル全家の復興に向けて進んでいく。
神話の世界から歴代誌を読み、悪行を重ねた王の列王記を読むとよくわかる。いわゆる敗北した民族である。その歴史が二十一世紀の今の世でも輝きを失わない。霊的かつ血統的民族の歴史がこれから始まろうとしている。まもなく天からの解答が与えられるであろう。

エピローグ

イエスの初代弟子たちは、その共同体を分裂させ、ギリシャ語を使うユダヤ人たちの組織はキリスト教会へと発展し、もともとイエスとともにいたヘブル語を使う人たちの群れはエルサレムを離れ、シルクロードを通って東へと向かった。その末裔《まつえい》が秦氏《はた》と名乗って、日本にまでやって来たと今のところその辺りまではわかりかけている。日本には西洋キリスト教の伝統とは違う、イエスの直接の弟子たちの信仰がもたらされた、と見るならば、現在私たち日本人が受け継いでいる文化の中に、多くの聖書的遺物が見え隠れしているのがよく理解できる、と私は考えている。

完

この書を発行できたのはひとえに多くの人たちの協力のおかげであります。とくに筆者の拙文に助言と校正に尽力してくださった方々にこの場で感謝申し上げます。

【引用聖書】

『新改訳聖書』（日本聖書刊行会）

【参考文献】

「日本ヘブル詩歌の研究」上巻・下巻　川守田英二著（八幡書店）
「現代語古事記」竹田恒泰著（学研）
「誰も教えてくれなかった日本神話」出雲井晶著（講談社）
「失われた十部族の足跡」アビグドール・シャハン著（ＮＰＯ法人神戸平和研究所）
「日本・ユダヤ封印の古代史」マーヴィン・トケイヤー著（徳間書店）
「菅江真澄の信濃の旅」滝澤貞夫監修・指導（信濃教育会出版部）
「日本は聖書の国だった！」畠田秀生著（ともはつよし社）

畠田秀生　はたけだ ひでお

1940年生まれ。同志社大学西洋史専攻。63年ニュージーランドへ貨物船で無銭旅行を企てる。そこでキリストを信じて翌年帰国。本田弘慈牧師の本田クルセードに協力。1965年大阪中之島公会堂にて開拓伝道を開始。30年後独立して「聖書と日本フォーラム」会長、現在伊勢志摩登茂山の同研修センター所長。伊勢志摩登茂山の家の教会牧師。著書に『古代ユダヤから21世紀の日本へ』文芸社刊、『日本は聖書の国だった！』ともはつよし社刊、『武士道はキリストが起源だった』文芸社刊など。息子二人の父。

イラスト（巻頭コラム）

廣瀬 督　ひろせ あつし

1970年生まれ。栃木県在住。神主。

イエスをキリストと信じ、「聖書と日本フォーラム」の会員として活躍している。

※この場合のキリストは、「救い主」という意味になります。

聖書と日本フォーラム（Bible Japan Forum）

事務局を大阪に置き1993年に発足する。日本とイスラエルの古代史からの歴史、伝統、風習、習慣、宗教（特に神道）に至るまで、その類似性と関連性を研鑽する。現在は三重県志摩市に研修センターを置き活動している。聖書と日本が深く結びついている預言を調べ、イエスの福音の宣教を日本人に根づく働きをする。現在二代目会長として、著者の畠田秀生牧師が着任。毎月機関誌を発行し、YouTubeに【bible japan】【seishotonippon】二局のチャンネルを設け、講演と聖書のメッセージを配信しつつ、日本各地で定例集会を開き、聖書の知識の浸透に寄与している。

住所：〒517-0604 三重県志摩市大王町船越2900-32　電話番号 0599-72-0036

会員の申込、お問い合わせは　h-bible@shima.mctv.ne.jp

HP
【聖書と日本フォーラム】

YouTube
【seishotonippon】

YouTube
【bible japan】

古事記と聖書

日本開闢の闇はこれでしか解けなかった

第一刷 2020年8月31日

著者 畠田秀生 Hideo Hatakeda

発行人 石井健資

発行所 株式会社ヒカルランド

〒162-0821 東京都新宿区津久戸町3-11 TH1ビル6F

電話 03-6265-0852 ファックス 03-6265-0853

http://www.hikaruland.co.jp info@hikaruland.co.jp

振替 00180-8-496587

本文・カバー・製本 中央精版印刷株式会社

DTP 株式会社キャップス

編集担当 高島敏子

落丁・乱丁はお取替えいたします。無断転載・複製を禁じます。

©2020 Hatakeda Hideo Printed in Japan

ISBN978-4-86471-913-1

神楽坂♥《ハート》散歩
ヒカルランドパーク

祝会☆「古事記と聖書」キリストの再臨

講師：畠田秀生　Hideo Hatakeda

真理は語られねばなりません。真理は人を自由にします。
この度の疫病により聖書の黙示録が現実味を帯びてきました。
キリスト再臨による新しい王国「主よ、来たりませ」
聖書最後の書「黙示録」のお話をいたしましょう。
（聖書、古事記に詳しくない方もぜひご参加ください）

日時：2020年12月13日（日）　開場 13：30　開演 14：00　終了 17：00
人数：約15名　　料金：8,800円（税込）（珈琲・菓子付）
場所：神楽坂 イッテル珈琲
住所：〒162-0825　東京都新宿区神楽坂3-6-22 The Room 4F

ヒカルランドパーク
JR 飯田橋駅東口または地下鉄 B1出口（徒歩10分弱）
住所：東京都新宿区津久戸町3－11 飯田橋 TH1ビル 7F
電話：03－5225－2671（平日10時－17時）
メール：info@hikarulandpark.jp
URL：http://hikarulandpark.jp/
Twitter アカウント：@hikarulandpark
ホームページからも予約＆購入できます。

ヒカルランドチャンネル開設！
あの人気セミナーが自宅で見られる

ヒカルランドの人気セミナーが動画で配信されるようになりました！　視聴方法はとっても簡単！　動画をご購入後、ヒカルランドパークから送られたメールの URL から vimeo（ヴィメオ）にアクセスしたら、メールに記されたパスワードを入力するだけ。ご購入された動画はいつでもお楽しみいただけます！

特別なアプリのダウンロードや登録は不要！
ご購入後パスワードが届いたらすぐに動画をご覧になれます

動画の視聴方法

①ヒカルランドパークから届いたメールに記載された URL をタップ（クリック）すると vimeo のサイトに移行します。

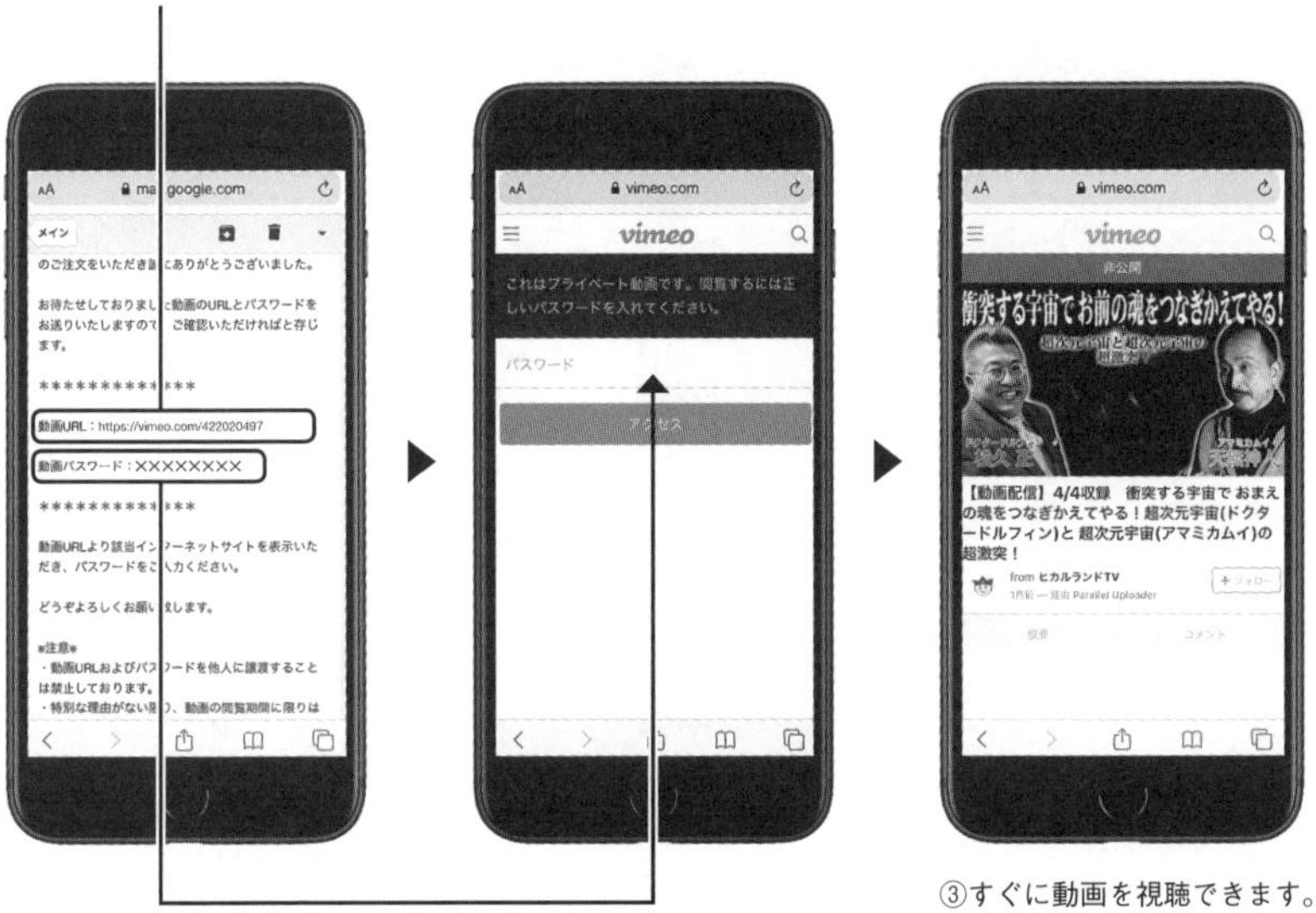

②メールに記載されたパスワードを入力して「アクセス（送信）」をタップ（クリック）します。

③すぐに動画を視聴できます。

動画配信の詳細はヒカルランドパーク「動画配信専用ページ」まで！
URL：http://hikarulandpark.jp/shopbrand/ct363

【動画配信についてのお問い合わせ】
メール：info@hikarulandpark.jp　　電話：03-5225-2671

イチオシ動画！

★破滅に向かう世界を救うただ一つの方法　若者たちへ告ぐ。未来を一緒に創ろう！

出演:池田整治、ドクターX、坂の上零
8,000円
195分

新型コロナウイルス戦争の大真実――安倍バイオテロリスト一味に騙されるな

出演:リチャード・コシミズ
2,000円（前編）
2,000円（後編）
3,000円（前後編セット）
59分（前編）／
55分（後編）

宇宙意識につながる覚醒セミナー

出演:中西研二（ケビン）、宮井陸郎（シャンタン）
12,000円
137分

ハートの聖なる空間から生きる―『ダイヴ！ into アセンション』出版記念セミナー&瞑想会

出演:横河サラ
6,000円
110分

イチオシ動画!

みろくスクール オリエンテーション ドクタードルフィン校長(88次元 Fa-A)のオンライン学校講座

【みろくスクール プレミアム・オリエンテーション(ガイダンス入学編)】

出演:ドクタードルフィン
9,990円
63分

衝突する宇宙でおまえの魂をつなぎかえてやる! 超次元宇宙と超次元宇宙の超激突!

出演:ドクタードルフィン 松久 正、アマミカムイ
11,000円
97分

ベンジャミン・フルフォードは見抜いていた!「コロナは壮大な偽パンデミックである!」

出演:ベンジャミン・フルフォード
3,000円(前編)
3,000円(後編)
5,000円(前後編セット)
56分(前編)／
60分(後編)

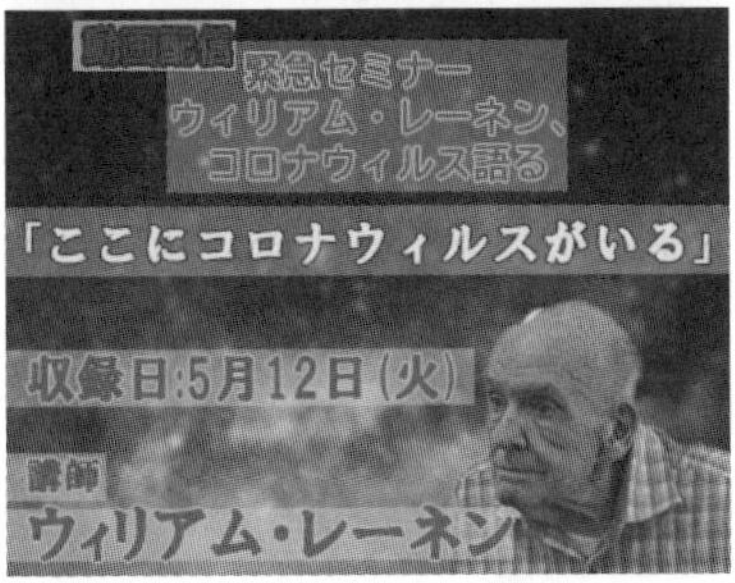

緊急セミナー ウィリアム・レーネン、コロナウィルス語る「ここにコロナウィルスがいる」

出演:ウィリアム・レーネン
7,000円
116分

携帯アプリを使う

携帯電話のアプリでラジオを聴く方法

①iOS（iPhone など）は左の QR コード、アンドロイド携帯は右の QR コードから Voicy 専用アプリにアクセスします

App Store からダウンロード　iOS

Google Play で手に入れよう　Android

②「Voicy」アプリをダウンロード（インストール）します

③「イッテルラジオ」で検索すると番組が出てきます
フォローすると更新情報が表示されて視聴しやすくなります

検索バーで「イッテルラジオ」を探してみてね

フォローしてくれると石井社長が泣いてよろこぶよ

リスナーさんからのコメントや質問も大歓迎! 毎朝8:00に「イッテルラジオ」でお会いしましょう♪

voicy

ヒカルランドのはじめてのラジオ番組がスタートしました！

声のオウンドメディア

voicy（ボイシー）

にて、ヒカルランドの

『イッテルラジオ』

毎朝8:00〜絶賛放送中です！

パソコンなどのインターネットか
専用アプリでご視聴いただけます♪

パソコンを使う

インターネットでラジオを聴く方法

①こちらのQRコードか下記のURLからVoicyの『イッテルラジオ』にアクセスします
https://voicy.jp/channel/1184/

②パソコン版Voicyの『イッテルラジオ』につながります。オレンジの再生ボタンをクリックすると本日の放送をご視聴いただけます

ヒカルランド YouTubeチャンネル

YouTube

ヒカルランドでは YouTube を通じて、新刊書籍のご紹介を中心に、セミナーや一押しグッズの情報など、たくさんの動画を日々公開しております。著者ご本人が登場する回もありますので、ヒカルランドのセミナーになかなか足を運べない方には、素顔が覗ける貴重なチャンスです！ぜひチャンネル登録して、パソコンやスマホでヒカルランドから発信する耳よりな情報をいち早くチェックしてくださいね♪

続々と配信中!!

新刊情報

グッズ情報

著者からメッセージも!

ヒカルランド YouTube チャンネルはコチラ！

https://www.youtube.com/user/kshcoidhasohf/featured

みらくる出帆社 ヒカルランドの

ITTERU BOOKS
イッテル本屋

高次元営業中！

あの本、この本、ここに来れば、全部ある

ワクワク・ドキドキ・ハラハラが無限大∞の８コーナー

ITTERU 本屋
〒162-0805　東京都新宿区矢来町111番地　サンドール神楽坂ビル３Ｆ
１Ｆ／２Ｆ　神楽坂ヒカルランドみらくる　TEL：03-5579-8948

みらくる出帆社ヒカルランドが
心を込めて贈るコーヒーのお店

予約制

ITTERU COFFEE
イッテル珈琲

絶賛焙煎中！

コーヒーウェーブの究極の GOAL
神楽坂とっておきのイベントコーヒーのお店
世界最高峰の優良生豆が勢ぞろい
今あなたが、この場で豆を選び、
自分で焙煎《ばいせん》して、自分で挽《ひ》いて、自分で淹《い》れる
もうこれ以上はない、最高の旨さと楽しさ！
あなたは今ここから、最高の珈琲 ENJOY マイスターになります！

ITTERU 珈琲
〒162-0825　東京都新宿区神楽坂 3-6-22　THE ROOM ４Ｆ
予約　http://www.itterucoffee.com／（予約フォームへのリンクあり）
または 03-5225-2671まで

ヒカルランド　好評既刊！

地上の星☆ヒカルランド　銀河より届く愛と叡智の宅配便

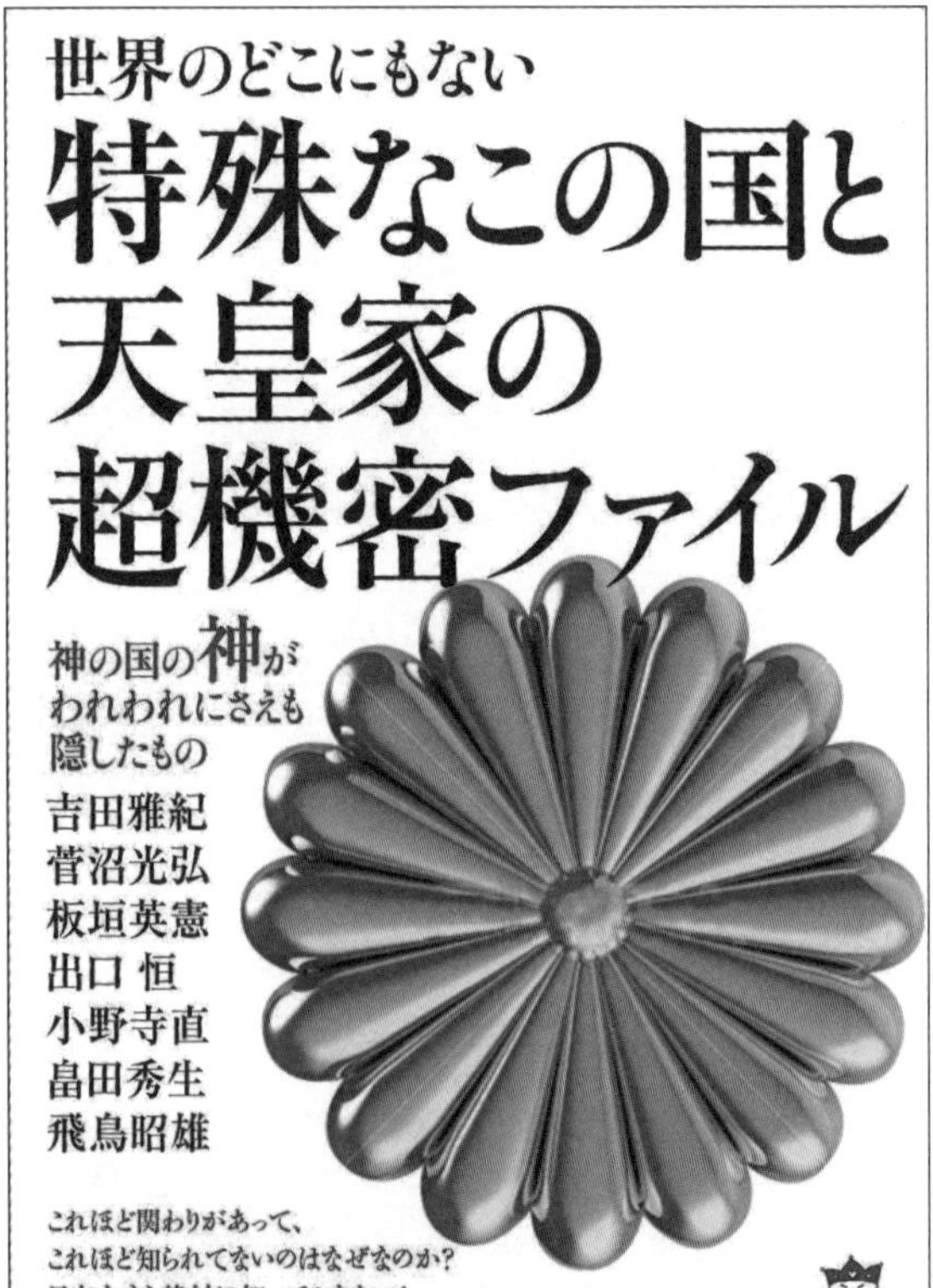

世界のどこにもない
特殊なこの国と天皇家の超機密ファイル
著者：吉田雅紀／菅沼光弘／板垣英憲／出口恒／小野寺直／畠田秀生／飛鳥昭雄
四六ソフト　本体2,000円+税

ヒカルランド　好評既刊!

地上の星☆ヒカルランド　銀河より届く愛と叡智の宅配便

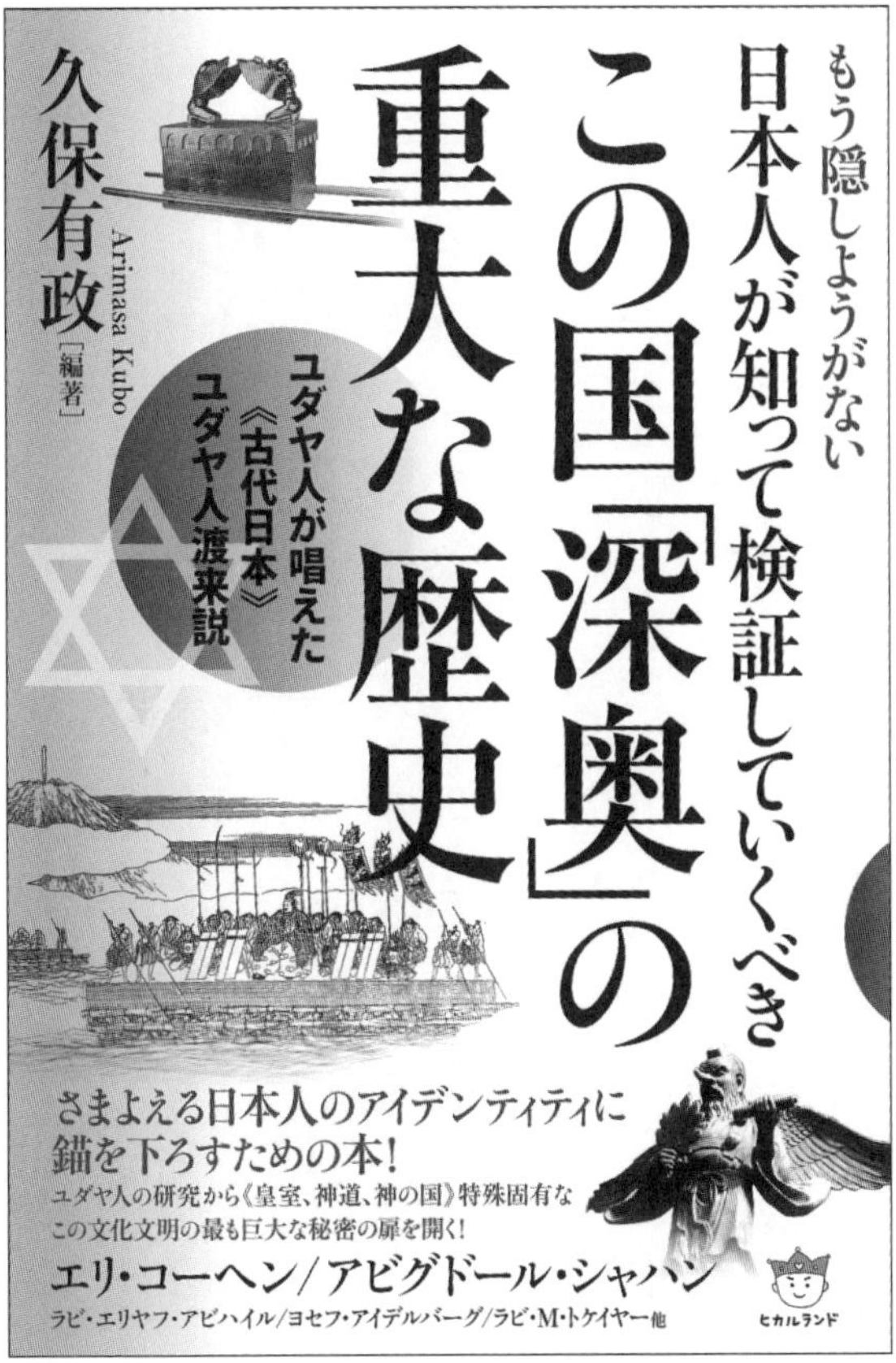

日本人が知って検証していくべき
この国「深奥」の重大な歴史
著者：久保有政［編著］
四六ソフト　本体1,815円+税

ヒカルランド　好評既刊!

地上の星☆ヒカルランド　銀河より届く愛と叡智の宅配便

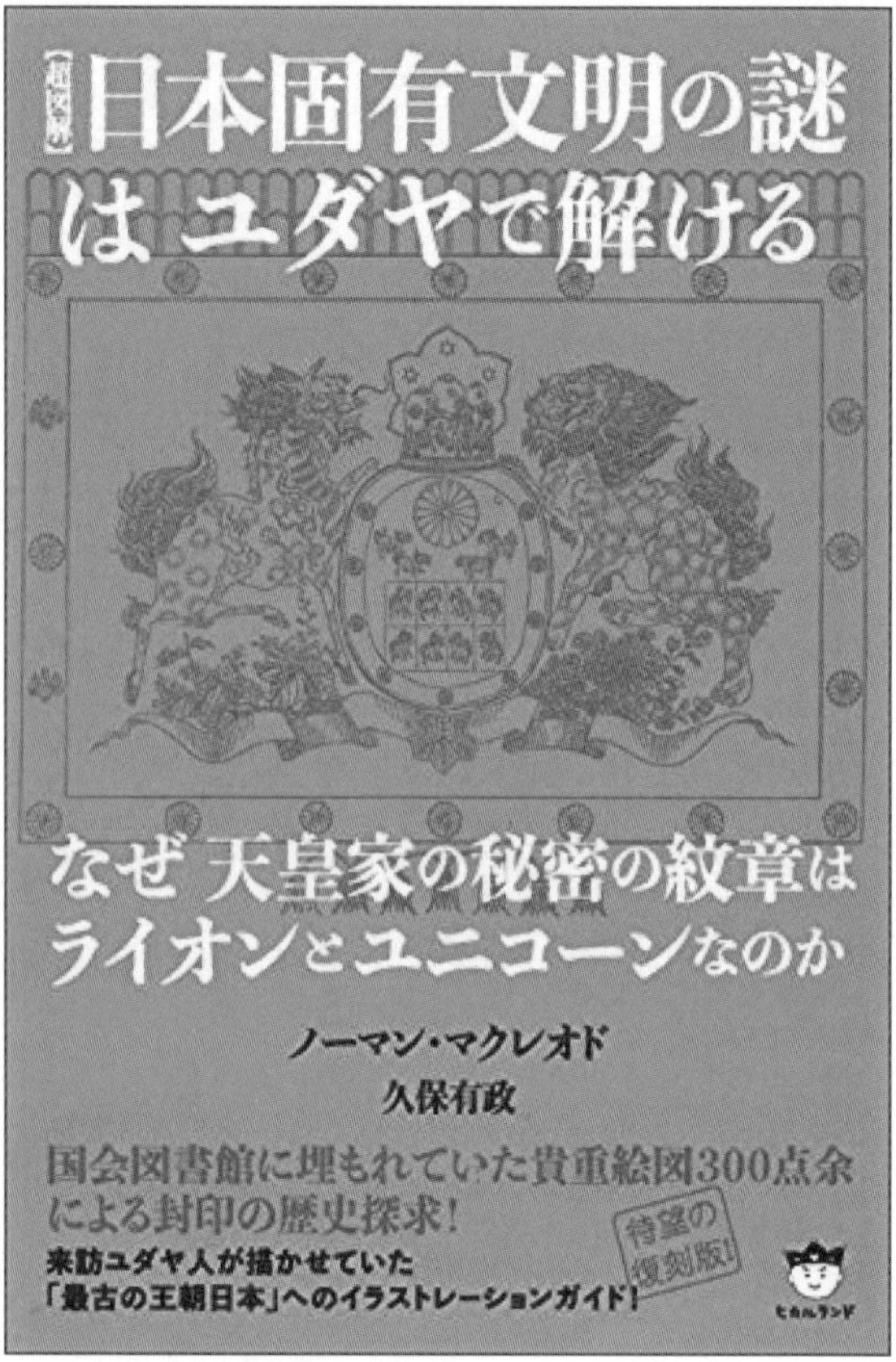

【超図解】日本固有文明の謎はユダヤで解ける
なぜ天皇家の秘密の紋章はライオンとユニコーンなのか
著者：ノーマン・マクレオド／久保有政
四六ソフト　本体2,222円+税

ヒカルランド　好評既刊！

地上の星☆ヒカルランド　銀河より届く愛と叡智の宅配便

[新装版] 十六菊花紋の超ひみつ
著者：中丸 薫／ラビ・アビハイル／小林隆利／久保有政
四六ソフト　本体2,500円+税

ヒカルランド　好評既刊！

地上の星☆ヒカルランド　銀河より届く愛と叡智の宅配便

日本とユダヤと世界の超結び
著者：ベンジャミン・フルフォード／クリス・ノース（政治学者）
四六ハード　本体1,750円+税

ともはつよし社　好評既刊！

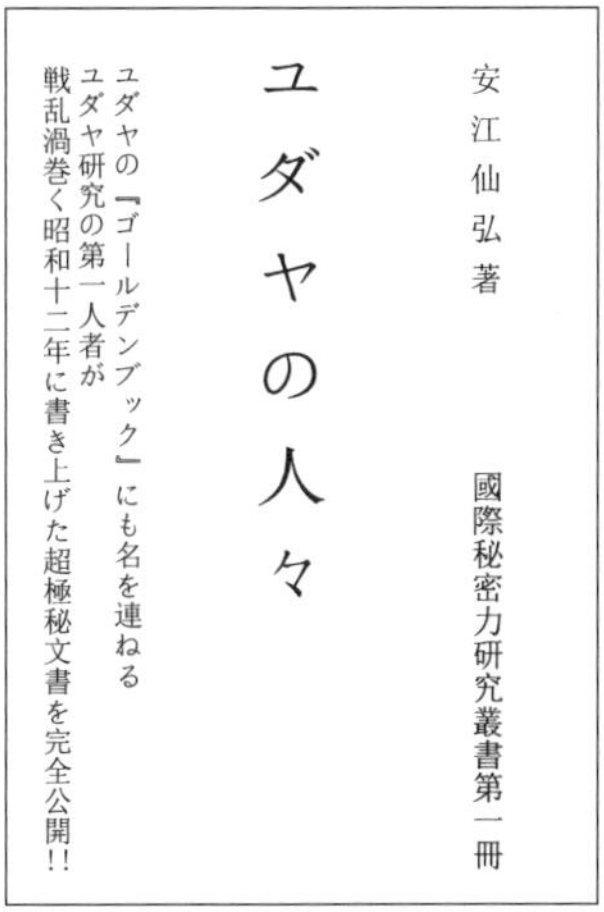

ユダヤの人々
著者：安江仙弘
四六ソフト　本体 3,333円+税

ユダヤのタルムード
著者：デ・グラッペ　　譯編：久保田榮吉
監修：中丸薫・池田整治
本体 3,333円+税

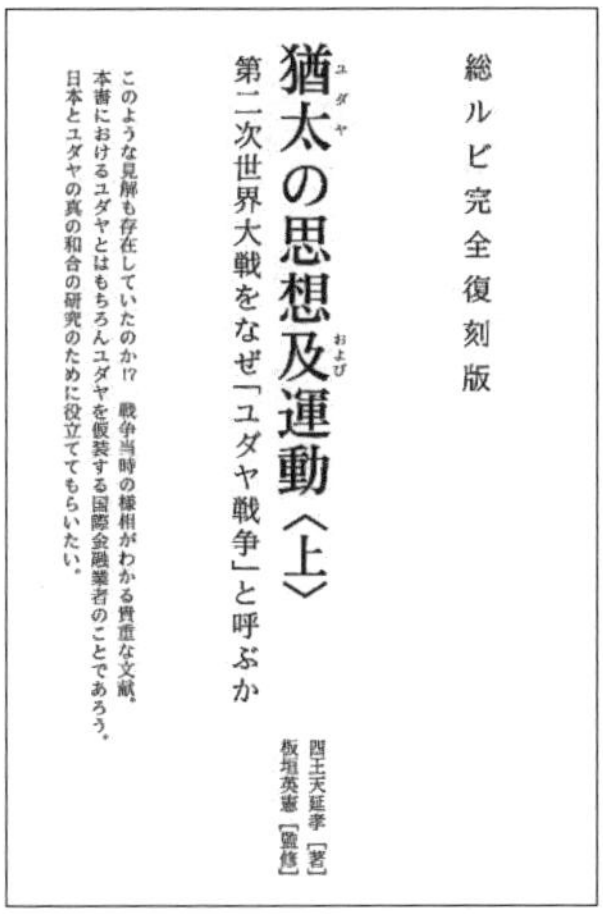

総ルビ完全復刻版
猶太《ユダヤ》の思想及《および》運動〈上〉
著者：四王天延孝　　監修：板垣英憲
本体 3,333円+税

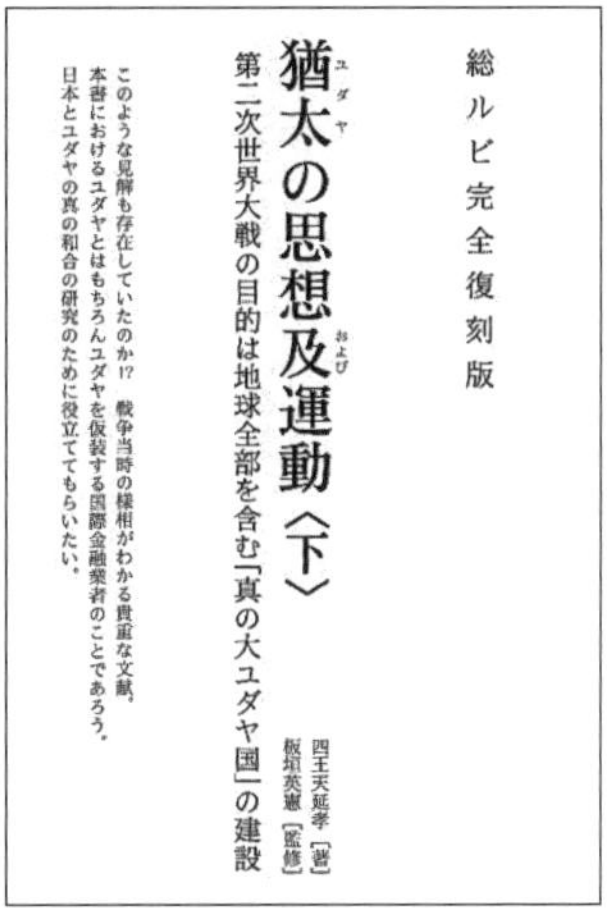

総ルビ完全復刻版
猶太《ユダヤ》の思想及《および》運動〈下〉
著者：四王天延孝　　監修：板垣英憲
本体 3,333円+税

ともはつよし社　好評既刊！

《NEWサムライバイブル》
日本は聖書の国だった！
著者：畠田秀生
本体3,333円＋税